# キャッシュレス社会と通貨の未来

**キャッシュレスの未来を考える会 編**

小河　俊紀／中川　郁夫／中村　敬一／由井　敬／吉元　利行

発行　民事法研究会

# はしがき

　世界は人工知能やバイオテクノロジー、ナノテクノロジーといった先端技術を基礎に、「第四次産業革命」へと向かいつつあります。

　金融分野では、フィンテック（Fin Tech：ファイナンスとテクノロジーの合成語）の加速で、従来の事業境界線が崩れるような動きが日本にも怒涛のように押し寄せています。

　たとえば、金融機関が口座情報や入出金の明細照会、振込みの指示など多くの機能を金融機関以外の事業者と連携することにより、利便性の高い、革新的な金融サービスの提供をする「オープン API（Application Programming Interface）」という動向があります。預金・融資・為替という金融機関基幹業務の開放です。

　さらに決済面では、従来の現金通貨からカードへ、そしてペイパルなどのオンライン決済、スマホによる決済（アップルペイやアリペイ）など、世界は多様なキャッシュレス（非現金）ツールへ進化を速めています。そのうえ、仮想通貨の登場などもあり、通貨自体の意味まで変わろうとしています。従来の現金主体の金銭感覚では生きていけない時代を迎えているのです。

　キャッシュレスの主要目的は国によってさまざまですが、一口に「通貨の匿名性を排除し、安心・安全で、暮らしやすい社会実現に向けた環境整備」を目指している点は共通です。具体的にあげれば、

① 　生活利便性とサービスの向上

② 　レジの効率化＝人手不足対策

③ 　消費活性化＝GDP の拡大

④ 　密輸やマネーロンダリング等不正資金の監視

⑤ 　収賄・汚職等の公務員犯罪防止

⑥ 　脱税防止

⑦ 　現金発行と管理に関する経費の削減

⑧ 　社会福祉の向上＝所得格差の解消

はしがき

などの目的が、複合的にキャッシュレスのエンジンになっているのです。

　もともと通貨とは、古代は物と物の交換、つまり物々交換の歴史から始まり、その選択範囲の不自由さから、汎用価値の高い塩や米、布、石、貝殻などを通貨とした時代へ変化し、そして金属硬貨、さらに紙幣へと移動しやすい形態に進化していったとされます。実際、１万円札は１円玉に比べ価値が１万倍ですが、重量は同じ１グラムです。

　一方、こういう説もあります。

「これはミクロネシアのヤップ島です。

ヤップ島という小さな島の中にフェイという大石があります。

このフェイが、お金の起源だと言われるのですが、とても大きくて持ち運べないほどのものでした。これをどうしたかというと、持ち運んだのではなく、実はここにナマコ三匹とかヤシ一個とか、お互いにもらったもの、あげたものを刻んでいったのです。

つまり、お金という便利なツールが最初からあったのではなく、記帳（記録）から始まって

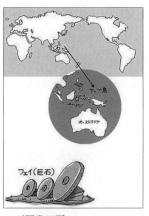

（同書25頁
イラスト・MICANO）

いるということです。お互いの貸借の記帳がお金の起源だと言われています。（中略）人々の間で行われた交換を相互に監視し合うことで信用が蓄積していく、ある種の権威や信用になっているということです」（山口揚平『新しい時代のお金の教科書』24頁（ちくまプリマー新書））。

　"お金で買えないものはない"と信じ込んでいる現代人に、「信用はお金で買えない」という痛烈な反証が、この古代の石貨にはあります。紙幣や硬貨を介在すると、商品（モノ、サービス）との交換時点でその取引当事者の相互関係は消滅します。その匿名性が経済の発展を促したといえるのですが、同時に極めて無機質であり、無駄が多く、寒々しい世界だということに、今人類は気づき始めたようです。一種の原始回帰が起こっています。

*ii*

現在の日本は、先進国の中でも飛び抜けて多くの現金が発行され、使用されている国です。その結果、ATM の保守管理経費や外食産業の現金取扱人件費だけでも年間 8 兆円ものロスが生まれているという調査結果もあります。少子高齢化や所得格差が加速する日本にとって、キャッシュレス促進は生活の利便性を高め、無駄や犯罪を排除し、結果的に幸福度を大きく改善する可能性があります。

> 「すべて国民は、健康で文化的な最低限度の生活を営む権利を有する」（日本国憲法25条）。「国は、すべての生活部面について、社会福祉、社会保障及び公衆衛生の向上及び増進に努めなければならない」（同条 2 項）。

本書は、各種カードから仮想通貨に至る専門家 5 名が共同執筆し、生活者目線でキャッシュレスの過去・現在・未来を複眼的に解説しました。前例のない書籍だけに、読者の皆様には戸惑いを覚えるところがあるかもしれません。しかし、読了された後に何らかの充足感を覚え、未来を見つめ直す契機になればと、執筆者一同切に願っております。

2019年 1 月

キッシュレスの未来を考える会

目　次

『キャッシュレス社会と通貨の未来』
**目　次**

# 第1部　通貨の未来

**第1章　〈空想未来小説〉　通貨の未来2100年** ················ *2*

**第2章　人類の未来計画と、第四次産業革命** ·········· *15*

**第3章　"現金社会日本"の歴史をひも解く** ·········· *21*

**第4章　第1部のまとめ** ································· *29*

　　　Column　1980年代のカード審査業務体験余話 ············ *33*

# 第2部　キャッシュレス社会の実情と課題

## 第1章　日本のキャッシュレス事情と課題 ··············· *38*

**はじめに** ·································· *38*

**1　現金大国「日本」を垣間見る** ···························· *40*

　(1) 市中（国内）にどのくらいの現金がばら撒まかれているのか　*40*
　／　(2) ガラパゴス化するのか、現金先進国家としての日本　*42*

**2　日本のキャッシュレス決済事情を俯瞰する** ···················· *47*

　(1) 政府が発表したキャッシュレス決済の範囲　*47*　／　(2) 広義の
キャッシュレスと狭義のキャッシュレス　*48*　／　(3) キャシュレス決
済比率は25.5％（対国内家計最終消費支出）　*50*

*iv*

目 次

**3 キャッシュレス決済比率40％実現に向けたアプローチ**……………51

(1) アプローチの枠組み *51* ／ (2) 日本の経済成長から2027年40％の景色を眺望する *53* ／ (3) 社会・経済・ビジネス環境から2027年40％の景色を眺望する *54*

**4 クレジットカードの果たすべきミッション**…………………………58

(1) 53兆9265億円・2億6600万枚市場を眺望する *58* ／ (2) GDPとクレジット決済 *60* ／ (3) クレジットカード決済額約98兆3000億円（推定）に向けて *61*

**5 デビットカード決済の復活はなるのか**………………………………62

(1) デビットカードをめぐる状況 *62* ／ (2) 今後のＪ－デビットカードの行方は *63* ／ (3) ブランドデビットカードは復活の救世主になれるか *64*

**6 電子マネー・プリペイドカード20兆円市場の行方**………………66

(1) 前払式支払手段の現状 *66* ／ (2) 20兆円市場を読み取る *66* ／ (3) 電子マネー・プリペイドカードの栄枯盛衰から学ぶ *69* ／ (4) 市場拡大のキーワードとは *71*

**7 キャッシュレスをめぐる新たな動向**…………………………………72

(1) 日本でのQRコード決済の動き *72* ／ (2) QRコード決済の日本での課題 *76*

**8 キャッシュレス社会の理解に向けて**…………………………………79

# 第2章 キャッシュレス時代のセキュリティ……………*81*

**1 セキュリティの重要性と対策の歴史**…………………………………81

(1) セキュリティの意味と重要性 *81* ／ (2) カードのセキュリティ対策の歴史 *82* ／ (3) 事業者の現在の安全対策 *89* ／ (4) 加盟店の安全管理対策 *90* ／ (5) 会員が行うべき安全管理 *91*

**2 セキュリティ対策を事例で学ぶ**………………………………………92

(1) 事例１：クレジットカードの利用を断られた *93* ／ (2) 事例

*v*

2：カードが無効になっていた *94* ／ (3) 事例3：海外でのカード利用で困った *95* ／ (4) 事例4：海外の買物での商品トラブル *96*

**3　キャッシュレス時代のセキュリティ対策**……………………………*98*

(1) セキュリティ対策の新たな段階 *98* ／ (2) 災害でもより安全に *100* ／ (3) より利便性とセキュリティの高い決済 *101* ／ (4) 消費者も自衛が必要 *102* ／ (5) セキュリティに関するまとめ *103*

# 第3章　キャッシュレス時代の個人情報・信用情報… *105*

**はじめに**…………………………………………………………………*105*

**1　個人情報の知識**……………………………………………………… *106*

(1) 個人情報とは *106* ／ (2) 個人情報の取扱いと保護 *110* ／ (3) 個人情報保護法の成立と2015年改正 *113*

**2　信用情報の知識**……………………………………………………… *116*

(1) 個人情報と信用情報の違い *117* ／ (2) 信用情報の役割 *117* ／ (3) 質的、量的に変化した信用情報 *119* ／ (4) 信用情報の経済的価値 *120*

**3　信用情報機関の知識**…………………………………………………… *121*

(1) 我が国の主な三つの信用情報機関と情報交流 *121* ／ (2) 信用情報機関が保有する個人情報とセキュリティ *123* ／ (3) 信用情報機関の役割の変化と法的な位置づけ *125* ／ (4) 日本の信用情報機関 *127* ／ (5) 世界の信用情報機関 *129*

**4　カードの法規**…………………………………………………………… *130*

(1) 縦割り行政と法のギャップ *130* ／ (2) 1枚のカードに適用される法規制から見たギャップ *131* ／ (3) カードに関する法律 *132* ／ (4) カード法規の特殊性 *134* ／ (5) 消費者（利用者）保護 *136* ／ (6) 2016年の割賦販売法改正 *138*

目 次

5 キャッシュレス社会と法整備……………………………………………… *139*

(1) 法改正の二面性と目指す社会 *139* ／ (2) キャッシュレス社会
と法制度のあり方 *141*

# 第4章 海外のキャッシュレス事情 …………………… *143*

1 はじめに…………………………………………………………………… *143*

2 諸外国のキャッシュレス基礎データ…………………………………… *143*

(1) 諸外国の現金流通 *143* ／ (2) 非現金取引全体の概要 *146*
／ (3) カードの発行状況と利用状況 *146*

3 世界のキャッシュレス事情あれこれ…………………………………… *148*

(1) 交通機関におけるキャッシュレス *149* ／ (2) 自動販売機など
におけるキャッシュレス *153* ／ (3) 露店・移動販売車における
キャッシュレス *155* ／ (4) 非接触方式カード *156* ／ (5)
PIN 入力の省略 *158* ／ (6) 税金・公共料金と現金利用禁止 *159*
／ (7) 現金決済は残っているか *160* ／ (8) 未成年者の決済
*162* ／ (9) 家計管理が便利 *163*

4 キャッシュレス化への課題と問題点…………………………………… *164*

(1) 海外キャッシュレス事情からみた日本の課題 *164* ／ (2) 国の
取り組むべき施策 *168* ／ (3) キャッシュレス化が進展することに
共通する問題点 169

5 まとめ……………………………………………………………………… *169*

*vii*

目 次

# 第3部 デジタル視点で考える
# キャッシュレス社会の未来

## 第1章 デジタルがもたらす変革 ……………………… 172

## 第2章 取引のデジタル化 ………………………… 176

1 交換の取引からつながりの取引へ ………………………… 176

2 交換の取引の特徴 ………………………………………… 178

3 匿名から顕名へ …………………………………………… 179

(1) ディズニーの MagicBand 179 / (2) ZOZO の ZOZOSUIT 180

4 点から線・面へ …………………………………………… 181

(1) Mobike に見るつながりの取引 182 / (2) 自動車保険に見る つながりの取引 183 / (3) スマートロックに見るつながりの取引 183

5 モノから体験へ …………………………………………… 184

(1) 電子書籍に見る体験の向上 184 / (2) PHYD に見る体験の向 上 185

6 原価から成果へ …………………………………………… 186

(1) ノバルティスの成果への取り組み 186 / (2) ミシュランの成 果への取り組み 187

7 つながりの取引による5W1H型のサービス ……………… 188

8 つながりの取引とキャッシュレス ………………………… 189

## 第3章 デジタル化が意味するもの ……………… 190

1 変化する市場構造の前提 ………………………………… 190

2 片方向から双方向へ ……………………………………… 191

viii

目 次

| 3 | モノからヒトへ | 192 |
| 4 | 信頼の構造の変化 | 193 |

## 第4章 キャッシュレスから広がる中国の経済システムの変革 … 196

| 1 | 中国におけるキャッシュレスの事例 | 196 |
| 2 | アリペイ | 196 |
| 3 | 決済サービスから資産口座サービスへ | 198 |
| 4 | 決済・資産口座サービスから信用スコアサービスへ | 199 |
| 5 | 信用スコアのプラットフォーム化と新しい経済システムの登場 | 200 |
| 6 | What you have から Who you are へ | 201 |
| 7 | データカンパニーとしての事業展開 | 203 |
| 8 | 中国政府の国家戦略の存在 | 204 |
| 9 | 信用スコアとプラットフォーマーの中立性 | 206 |

## 第5章 Amazon Go にみるキャッシュレスの未来 208

| 1 | Amazon Go のインパクト | 208 |
| 2 | 日本のコンビニ5社によるセルフレジ | 210 |
| 3 | Amazon Go とキャッシュレスの未来 | 211 |

## 第6章 キャッシュレス社会の展望 … 213

*ix*

目　次

# 第４部　近未来提言　リアルとネットを複合する地域活性化

★2006年に閃いたＢ２Ｂ２Ｃのアイデア …………………………… *216*

★特許発案の背景 ………………………………………………………… *217*

★保有特許の骨子と背景 ………………………………………………… *220*

★2014年、アマゾンが迫ってきた ………………………………………… *223*

★アマゾンの事業フレーム ……………………………………………… *224*

★アマゾン事業の稼ぎ頭ＡＷＳ ………………………………………… *226*

★アマゾンビジネスの可能性 …………………………………………… *228*

★提　言 …………………………………………………………………… *229*


・参考文献 ………………………………………………………………… *232*

・あとがき ………………………………………………………………… *235*

・執筆者一覧 ……………………………………………………………… *238*

# 第1部

# 通貨の未来

# 第1章

## 〈空想未来小説〉 通貨の未来2100年

---

今日は、素晴らしい目覚めだ。天気は快晴。鳥が歌っている。

目覚めに合わせて大型立体4Dテレビのスイッチが自動で入り、放送を始める。人工知能を装備した眼鏡（メガナビ）を着用すると、無線でネット回線とつながり、遠隔でもテレビチャンネルを心で操作できる。頭脳と視神経は直結しているから、メガナビをかけると心と外部のアクセスも自在だ。

---

料理番組を選ぶ。今日の朝食はキャベツとベーコンの巣ごもり卵にしよう。

ベーコンは昔のように豚肉ではなく、バイオテクノロジーで作られた大豆が素材で、とてもヘルシー。

メガナビは、人の五感を再現できる4Dテレビの複雑な情報信号も正確に受信し、脳に伝達する機能がある。料理の微妙な味覚や匂いも触感もリアルに疑似体験させてくれるのだ。

キッチンにいるロボットに、同じレシピで、すぐ調理するよう命ずる。

これは、心でも音声でも指示できる。心ばかり使っていると声帯を使う機会が減って発声機能が衰えるから、どちらも併用している。

数分でテレビ映像そのままの朝食ができた。美味しい！ ご馳走さま！

朝食が終わると、4Dテレビを通して主治医から今日の定期問診を受ける。

第1章　〈空想未来小説〉　通貨の未来2100年

　主治医といっても、人工知能だ。声で質問に答えながらの診察だ。手元にある超小型MRIを全身に這わせると、分析データは瞬時に４Dテレビに映る。

　核磁気共鳴を利用して、脳や脊髄の活動も含めて血流動態反応を視覚化する超電導MRIは、昔は専門病院のバカでかい金属製の円筒に入り、閉所恐怖症と戦いながら受診したものらしいが、今はハンディタイプになり自宅で手軽に使えるようになっている。脳をスキャンするfMRI（機能的磁気共鳴画像法）を睡眠中にセットしておけば、夢を記録することも可能だ。また、自分の精神状態の客観的解析をし、最適化することもできる。脳がクリーンアップされるのだ。

　MRIのスキャンに対する人工知能の診断精度は高く、異変は隅々まですぐ見抜いてくれる。「今日は、特に異常が見られません」と、わずか10分で診察終了。

———————————————————•———————————————————

　私は2070年生まれで30歳。今、ルポライターをしている。レポートを書いて契約先のニュースネットワーク会社に提出するまでが仕事。

　だから、仕事が非常に不規則だ。独身だし、健康管理は自分でやるしかない。

　医者に行かずとも在宅で手軽に検診を受けられるなら、この健康診断サービスに多少高い契約料を払っても惜しくない。

　現地取材が仕事の基本だが、下調べとして自宅にいながらその関連情景をイメージ検索し、４Dテレビに映し出す。取材に必要な準備情報がかなりの精度であらかじめ入手できるのだ。

　外出先では、有機発光ダイオード（OLED）を素材とした紙シートを広げ、検索する。21世紀初頭と違い、パソコンという固形の道具は消滅しており、折りたたんで財布で持ち運ぶことも可能になった。データはすべて外部サーバにクラウド化されており、必要なときにどこでもメガナビを介して呼び出せる。

———————————————————•———————————————————

第1部　通貨の未来

　今日は、西暦2100年5月3日。過去100年に起こった地球のさまざまな動向をいろいろ調べ、これから100年先を描くテーマを追っている。

　2000年代初頭、特に2018年ころの地球は、まだ地域的に紛争や対立が続いており、核戦争勃発の恐怖感が漂う世界だったようだ。

　環境汚染で温暖化が進み、世界各地で洪水や干ばつなど異常気象が頻発していた。日本は、アメリカ、中国に次ぐ先進国だったが、所得格差が増大し、晩婚化が進む老大国の道を歩んでいた。若者が減ったため、年金や教育、医療の社会保障財源が枯渇し始め、雇用の不安定化が加速していた。

　それに伴い、あくどい詐欺や親族殺人・通り魔殺人など、殺伐とした事件が頻発していたようだ。

　驚くことは、日本では"円"を単位とする紙幣・硬貨という物的通貨が大量に流通し、買い物やサービスの対価として使用されていたらしい。太古の貝殻や石と比べ多少は軽量化されたにしても、何と無駄の多い時代だったのか！

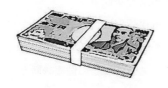

　当時は国ごとに通貨を発行し、単位が違っていた。アメリカはドル、イギリスはポンド、日本は円、中国は元など。

　世界規模で莫大な通貨発行・ATM（Automated Teller Machine）などの管理経費、防犯経費等を浪費していたそうで、たとえばキャッシュレス先進国アメリカでさえ2013年時点で2000億ドルもロスしていた。日本でも8兆円を超えていた。ちなみに、当時の日本だけで現金通貨の発行のため毎年500億円の天然素材（こうぞ、みつまた、銀、ニッケル、銅、クロムなど）を大量に費消していた。世界規模でみれば、さらに膨大な天然資源の無駄使いをしていたと思われる。

―――――――――――――・―――――――――――――

　現金通貨は所有者・使用者の記録がない、つまり匿名性があるため、世界の地下経済にも不正資金が大量に流れ込み、犯罪・脱税の温床となった。ま

た、公務員の汚職を誘発することにもなった。

店舗のレジでは人手不足が深刻化し、非効率を解消するためにプラスティック素材のクレジットカードやデビットカード・プリペイドカード含め、非現金のペイメント方式が2000年代初頭から活発化していたようだ。中でも、中国はスマートフォン（当時は、電話機能とパソコンを兼ねた携帯端末が世界中で広く普及していた）とQRコードを組み合わせた独自決済方式によりキャッシュレス化を強力に推進していた。また、北欧デンマークは、2030年に現金通貨の発行を完全停止し、文字どおり「キャッシュが存在しないキャッシュレス国家」となった。

しかし、どれだけキャッシュレス化を各国が進めても、方式がバラバラなうえ、法定通貨を別々に重複発行・管理する無駄は地球全体の損失である。匿名性を排除し、その機能性・経済性を地球レベルで最大化するため、2070年になって世界の通貨は統一された。

第二次産業革命で大国にのし上がったアメリカ合衆国では、8000種類もの通貨が存在していたというが、1860年に法定通貨がドルに統一された。また、近くの例（といっても昔だが）では、2002年にヨーロッパ54カ国の半数28カ国の加盟で誕生したEU共通の通貨「ユーロ」が、国を越えた通貨の統一の見本である。通貨単位の統一は歴史の必然なのである。

―――――――・―――――――

世界通貨の単位は、「サンク(Thank)」。"感謝"が語源だ。統括は世界銀行が行い、各国から人材が派遣されている。本部はアメリカだが、世界主要拠点で分散管理している。従来のコンピュータの1億倍の処理性能をもつ量子コンピュータの普及で、ブロックチェーンの技術でつくられた

サンクの動きとその内容、当事者個人情報は世界中を超高速で横断し、直接大量処理・記録される。もちろん、セキュリティは厳重だ。

アマゾンやアリババという国際的な巨大企業の影響もあって、2050年ころには世界中の工場で同じ商品が同じタイミングで生産され、同じ価格で売られるようになると、賃金の平準化が起こった。

通貨の統一で、今や"外国為替"という概念はもうない。貧富の差もわずかだ。実は、この地球が平和で、所得格差の少ない自然豊かな惑星になったのは、2000年代前半の日本人のおかげだ。地球の歩むべき道を率先して研究し、開発し、実行しながら世界に提唱し続けたからだという。

具体的には、「エネルギー問題への対処」、そして「人工知能の平和利用」である。いずれも、室温の超伝導技術が関連している。

## ★エネルギー問題と室温の超伝導体

18世紀中ごろにイギリスで蒸気機関が発明されると、その駆動力を活用した機関車、蒸気船、製造機械などが生まれ、イギリス経済の飛躍的発展をもたらした。第一次産業革命である。石炭が主要エネルギーだったが、19世紀に入り石油をエネルギー源とする内燃機関を装備した自動車や飛行機の発明で高速移動が可能になった。

19世紀にアメリカで電気が発明されると、照明だけでなくエアコン、冷蔵庫、洗濯機、炊飯器、テレビ、など多種多様な生活器具を生み出し、それ以降の市民の生活を一変させた。これが、第二次産業革命だ。

アメリカは、これを機会に世界の覇権を握り、21世紀に至っている。

結果、生活は便利になったが、発電の8割が石炭、ガソリン、天然ガスなどの化石燃料で賄われた。原子力発電は、わずか7％程度に過ぎなかった。しかも、核燃料の廃棄処理に大きな問題を抱えていた。

化石燃料は、大量の温室効果ガス（特に、二酸化炭素）を発生させる。温室効果ガスは質量が重いため、赤外線を

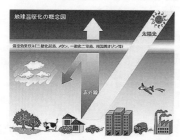

出所：気象庁『異常気象レポート2005』

第1章 〈空想未来小説〉 通貨の未来2100年

大気圏外へ放出することを妨げる（図参照）。それが、長年蓄積すると地球の温度は上昇を始める。実際、20世紀に地球の気温は0.7度上昇し、北極の氷は半分に減った。2000年には南極大陸の1万1000㎢の大きな氷塊が割れ、本体から分離した。このような変化のために、海面はすでに20世紀の間に20㎝も上昇していた。

　そのままのペースでいけば、世界の海面は2100年までに90〜180㎝上昇する可能性があった。もしそうなると、沿岸にある都市は、ほとんど水中に沈む。たとえば、アメリカのマンハッタンは水浸しになり、ウオール街は水没しただろう。日本では、海抜の低い東京地区も例外ではない。高潮がくれば、かなりの範囲が水没し、都市機能は崩壊しただろう。

　事実、2018年9月4日に西日本を襲った台風21号通過時の大阪市から兵庫県西宮市周辺にかけて、潮位が3mを超え「140年に一度のレベルの高潮」が発生した。そのため、関西国際空港第1ターミナルが水浸しになり、しばらく発着機能がマヒしたほどであった。

　また、北極のツンドラ（永久凍土）が溶け出し、腐敗した植物から何百万tものメタンガスが放出する可能性があった。メタンガスは二酸化炭素をはるかに超える気温上昇をもたらす。温室効果ガスは、その他オゾン層の破壊、酸性雨、光化学オキシダントを含め健康や環境に影響を与え、気候や水環境や土壌・地盤の環境にも大きな悪影響が出ていた。

　それは、やがて人類全体の破滅を意味していた。

　そういう中で、日本は自ら世界最高水準の二酸化炭素削減計画を打ち出した。当時、次のように伝えられている（2017年5月13日の閣議決定を伝える環境省の報道資料。下線は筆者）。

　　COP21で採択されたパリ協定や昨年7月に国連に提出した「日本の約束草案」を踏まえ、我が国の地球温暖化対策を総合的かつ計画的に推進するための計画である「地球温暖化対策計画」が本日閣議決定されました。
　　計画では、2030年度に2013年度比で26％削減するとの中期目標について、各主体が取り組むべき対策や国の施策を明らかにし、削減目標達成への道筋を付けるとともに、長期的目標として<u>2050年までに80％の温室効果</u>

7

第1部　通貨の未来

ガスの排出削減を目指すことを位置付けており、我が国が地球温暖化対策を進めていく上での礎となるものです。

同時に日本は、環境汚染対策が未熟な発展途上国への技術援助を積極的に推進したのだ。

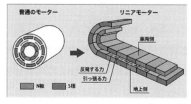 

出所：山梨県立リニア見学センターホームページ

さらに、超伝導磁石を搭載し、ガイドウェイに取り付けられた地上コイルとの磁気相互力により10cmほど浮上して走行するリニアモーターカーを開発し、時速600キロの高速移動システムを2027年に実用化した（図は、当時の山梨県立リニア見学センターホームページ掲載の資料）。

この後、室温の超伝導磁石の開発によって、強力な磁気浮上技術を自動車にも応用したのである。

超伝導とは、特定の物質をある段階まで低温にすると電気抵抗がゼロになる現象である。超伝導体磁石を置き、推進コイルにわずかの電流を流せば重いものが簡単に浮上する。磁力線が超伝導体に反射されるからだ。21世紀初頭ではせいぜいマイナス135度の低温状態でしか形成できなかったが、2030年に室温で機能する画期的な超伝導磁石が開発され、地上や空を飛ぶ磁気自動車や、脳の状態も克明に解析するハンディfMRIの基礎技術になった。

磁気エネルギーは、半永久的なクリーンエネルギーで環境を汚染しない。アメリカの自動運転技術との提携により、自動運転磁気自動車が世界の道路を走り始めたのは、2050年ころであった。産油国の政治情勢が世界の経済を揺るがす地政学的な不安定さが解消された。産油国は、それまでの産油で蓄積した資産をもとに室温超伝導磁石の生産に投資するようになった。

一方で、広大な砂漠に太陽光発電所が建設され、世界に供給が開始された。

日本の超伝導技術援助のおかげで、電気抵抗による送電ロスが解消され、遠隔地にまで大量の電気が供給できるようになったのだ。

　自然との融和が伝統文化だった日本の努力が、大気汚染に歯止めをかけ、世界を救った。そして、国際的な信頼感が飛躍的に向上した。

## ★人工知能

　軍事目的を避け、人の日常生活を助ける人工知能開発を追求した日本は、2018年ころにはすでに世界の産業用ロボットの6割を占めていた。

　その実績に立った中長期的な国家改革が功を奏し、人工知能が人類の英知の総和を乗り越え制御不能になる「2045年問題（シンギュラリティ＝技術的特異点）」を回避できたのである。

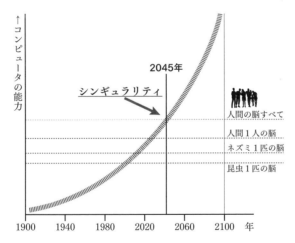

出所：レイ・カーツワイル（井上健監訳）『ポストヒューマン誕生―コンピュータが人類の知性を超えるとき―』84頁、151頁（日本放送出版協会）をもとに筆者作成

　人工知能は、初期のころは分野別であったが、2030年ころに多分野横断的な汎用人工知能が生まれ、限りなく人間の頭脳に近づき始めたとされる。

　プログラムされたそれまでのロボットと違い、赤ちゃんが母を模倣して成長するように、「ヒトを模倣して自動進化（ディープラーニング）」するので、限

第1部　通貨の未来

りなくヒトのレベルに進化する。

　諸外国では軍事用に研究され、進化を遂げていたが、日本は1945年の敗戦以来、平和国家として商業利用のみ追求していた。

　人工知能に模倣されてもよいような文化土壌が、もともと日本には存在していた。たとえば、古くから日本には仏教を基礎とした温和な共生文化が根づいていたし、高度な教育環境が庶民にまで徹底されていた。

　その伝統に立って、最新の科学と宗教の英知を集め、人工知能の模範となるような世界性をもった倫理道徳の整備が遂行されたのである。

　競争の原理・物質至上主義は、倫理観とは馴染みにくい。

　その矛盾を解決させるには、人の心身を個別に常時把握し、監視ではなく総合的に支援する仕組みが絶対不可欠だ。キャッシュレスやフィンテックといったヒト、モノ、マネー、情報の動線を可視化する技術もその過程で深くかかわったと、文献に記されている。

　こうした日本国民の努力により、数百年にわたる「人間と自然の対立」「科学と宗教の対立」「自己と他者の対立」「民族同士の対立」「富裕層と貧者の対立」という人類の根深い対立構造に終止符を打った。2070年であった。このとき、人類の次元（ステージ）が大きく上がったのである。

—————————————— • ——————————————

　朝食をとった後、私は散歩に出かけた。空気がうまい。小川があちこちに流れ、せせらぎが聞こえ、緑が目に染みる。都会の真ん中でも、自然が豊富だ。道端には、可憐な花が咲いている。「これは、何という花だろう？」

　メガナビに聞く。

　「＃アカツメクサです」。

　行きかう人たちは、お互い気軽に挨拶の言葉をかけ合う。

　「今の人、以前どこかで会ったような気がするが、誰だっけ？」

　「＃1年前に、ボランティアで一緒に道路掃除をした山田さんですよ」。

最近、徹夜で働くことが続き、どうも頭脳が疲れているようだ。メガナビのおかげで本当に助かる。私は、今の時代では珍しく働き者だ。働くことが美徳の時代は終わったが、誰かの役に立つと考える労働は自由なのだ。

「このあたりに、靴屋さんがないか。ウオーキングシューズを買いたい」。

「#貴方の足のサイズと好みに合う店は、この付近では100m先のプラネットシューズ店に置いてあります」。

心で問いかけると、即座に答えがくる。

やがて、店に着くと好感のもてる若い女性店員が応対してくれる。「これでいかがでしょうか？」まだほとんど会話していないのに、即座に好みのシューズを数種類出してくる。

実は、この店の会員としてすでに基本的な属性を登録してあり、私がこの店から100m以内に近づくと、瞬時にセンサーが察知し、メガナビ経由で店員とつながるのだ。

試着結果は、ピッタリ。値段は1万3000サンク。「納得」と思った瞬間、会計はもう済んでいた。世界銀行に開設している私のサンク口座とメガナビは通信でつながっており、私の指示でこの店の口座に即時入金する。後払いを希望する場合は、別に契約しているクレジット会社の立替サービスも選べる。

店員の応対に好感を持てたので、私は300サンクのチップを彼女の個人メールアドレスへ送信した。登録会員には、店員のメールアドレスが公開されており、チップ受け取り実績の多い店員は人事考課が上がり、給与に反映されることになっている。質の高い店員の応対は、ますますよくなる。店の格も上がる。

これは、2016年に経済産業省が創設した「おもてなし規格認証制度（無形サービスの可視化）」（〈https://www.service-design.jp/about/〉）が原型となって、チップが自然な形で日本に広く定着したものである。

テクノロジーの進化が、日本人のおもてなし精神を形にしたのだ。

第1部　通貨の未来

　散歩から帰ると、私は今日の講演地の大阪に行くため、リニアモーターカーの起点品川駅に向かった。昔は、電気式の新幹線で2時間半かかったようだが、この超伝導磁気モーターカーはどんどん進化し、今や時速1500kmのスピードで、20分くらいで大阪に着く。飛行機よりも速い。

　昔は切符というものがあって、改札口にいちいち通したらしいが、今は乗車も下車もすべてセンサーが起動し決済する。通過する人のメガナビを通して自動的に予約データを読み取るのだ。完全無人化されている。

　大阪駅前にはタクシーが待っている。大阪に着く前にメガナビ経由で手配しておけば、所定の位置に待機している。どの車かは予約時にプレート番号にあらかじめ表示されているし、私が近づくとドアが自動で開き、安全ベルトの装着を待って静かに講演会場のなんばパークスへ走り出した。

　高速道路を高性能な磁気自動運転カーが走る。排気ガスがまったく出ないし、静かだ。

　渋滞がかなりひどいので、料金が上がってもいいから上空を飛ぶよう音声で指示する。それで、わずか5分で現地に着いた。降りる際に料金がメガナビに表示され、私が「OK」と言うと、ドアが開いて下車した。

　「日本の未来」についての約1時間の講演を終えると、私は次の打ち合わせ場所の心斎橋へ向かった。1kmちょっとの距離なので徒歩が一番いい。

　途中、道端でもがき苦しんでいる老人を見かける。ただならぬ気配なので、思わず駆け寄ると、すでに意識がない。心肺停止の気配だ。思わず救急車の手配をしたうえで、私は心臓マッサージを始め

た。以前、取材先で手順を教わったことがある。数分必死に続けるうちに救急車が到着した。幸い老人の意識は戻り、病院へ運ばれていった。

私は一安心して歩き始めた。そのとき、「貴方の咄嗟の救命行為を見ていた通行人から、貴方のメルアドへ３万サンクが送金された」とのメッセージがメガナビへ送られてきた。別にお金が欲しいための行為ではないが、人はどこかで見られているものだと痛感。

この時代は、見かけた光景をメガナビで記録し画像データとして所定の公的個人情報機関へ提供し、相手に寄付をしたい理由を告げると、通報者の本人確認後、機関が相手に指定の金額を自動送金できるようになっている。画像解析によって、被写体個人の属性情報が瞬時にわかるらしい。もちろん、通報者の口座からは寄付額が減算されるが、公的機関からは「所定の通報謝金」が返金される。

入出金処理は、すべて信用情報機関が世界銀行と連携して行っている。

———————————————————————

この時代は、このように公的機関によって善意を人工知能が客観的に評価し、即応する仕組みが完備し、公徳心が重視されている。そして、それは信用価値として数値化され、各種取引はじめ住宅ローンなどの融資条件や後年の年金にまで影響する。

労働は、21世紀初頭まで反復的な苦役（つらく苦しい労働）であり、賃金は苦役に従事する対価として支払われた。そのために、その証となる現金で何かを購入するときは、自身を削るような苦痛を覚えた人が多いのである。

人工知能の登場で2030年ころから苦役労働は人工知能が担った。逆に、反復的ではない知的・創造的労働が価値を持つようになった。

そして、2070年ころには、知的・創造的な仕事に加え、無形の利他的・倫理的な日常行動が評価を獲得するようになり、徐々に社会資産を形成するようになった。労働生産性と利他・倫理的価値のトータルが正式なGDP（国内総生産）になったのが、2100年である。

2000年代初頭でも、GDPから公害や軍事費などの社会的に望ましくない

第1部　通貨の未来

価値を差し引き、家事労働やボランティア活動など値段で示されない価値を金銭換算して加えた「国民純福祉（NNW）」という指標があった。ただし、定評のある金銭換算の計測方法は存在しなかったため、GDPに加算できなかったのだ。

その後、人間自身が生み出す無形の価値量は、物的資源と違いコンコンと湧く泉のように無限大であることがわかり、量子コンピュータや人工知能など先端テクノロジーのおかげで正確な測定ができるようになった。結果、それはGDPの大きな位置を占めるようになったのである。

独創性があっても訴求する手立てがなかった人たちや、貧しく不遇ながら純朴で善行の多い人たちを社会は評価し、サンクをたくさん供給できるようになった。

日陰で頑張る人たちの生活は、こうしてそれにふさわしく豊かになったのである。

〔第1部第1章　小河俊紀〕

# 第2章

# 人類の未来計画と、第四次産業革命

　第1章は、ニューヨーク市立大学理論物理学教授ミチオ・カク『2100年の科学ライフ』を参考に、筆者独自の視点で約80年後の世界のキャッシュレスを空想未来小説として簡単に描いた。

　「2100年までにわれわれは、かつて恐れ敬っていた神々のようになるべく運命づけられている。（中略）2100年までにわれわれは心の力で物を操れるようになる」（同書20頁）。

ミチオ・カク（斉藤隆央訳）
『2100年の科学ライフ』
（NHK出版）

　この書籍は、カク教授がアメリカのトップクラス科学者300人を取材して書いた本だ。20世紀から21世紀をリードしてきたこの大国は、ここ数年内向きを強めているものの、今なお22世紀を展望して、コンピュータ、バイオテクノロジー、ナノテクノロジー、人工知能、宇宙工学の分野全体を先進的に追求している。キャッシュレスの未来についての著述は、わずかに「常識が未来の通貨になるだろう」（同書397頁）とあるだけだが、未来社会像全体の奇想天外さに圧倒される。

　バイオテクノロジーでの不老不死の追求、エネルギー補給のいらない超伝導磁気モーターカー、150km上空の宇宙空間に誰でも気軽に到達できる宇宙エレベータ、光速で永遠に宇宙を飛び続ける核融合エンジンロケットなどなど、目がくらむような世界が、アメリカでは真剣に研究されているのだ。

第1部　通貨の未来

「2100年には、念力（テレパシー）が周囲を支配する」という。念力でモノを動かすなど、現代人にはただのマジックであり、非現実な世界と思うが、アメリカという国はそれを本気で研究している。脳信号とコンピュータをつなぎ、室温超伝導体を絡ませれば外部操作がたやすくなるのだ。現時点でも脳の指令で動く義手・義足が実現しているから、絵空事ではない。

「いつの日か、宇宙飛行士は安全な地上にいながら超人的なロボットの体をコントロールし、月面を歩き回るようになるかもしれない」（同書81〜83頁）。

かなりの確率で、人類は過去10万年に匹敵する激変を21世紀中に迎え、平和で高度な次フェーズの文明に脱皮するかもしれないとも。人類全体の成人式だ。同時に、人類全体がそこに到達するまで21世紀初頭から血のにじむような自己変革を成し遂げる必要がある。

「フレンドリーな人工知能のほかに、もうひとつ手立てがある。我々の創造物との融合だ。ロボットの知能やパワーが人間を凌ぐのを待つのではなく、人間自身の強化に励み、その過程で超人になってしまうのである。おそらく、未来はこのふたつの目標—フレンドリーな人工知能の製作と人間自身の強化—が組み合わさって、歩みを進めていくのだろう」（同書138頁）。

なお、第1章はフューチャーデザインという手法を用い、未来から近未来のあるべき方向性を逆算して導き出す試みをした。

実は、今この原稿を書いている2018年は、この手法で「クレジットカード」という言葉と概念を世界で初めて小説に記した作家エドワード・ベラミー（米国）没後120年にあたる。

主人公のジュリアン・ウェストが、1887年から2000年にタイムスリップしたという想定で、113年後の2000年のボストンを舞台に、「かえりみれば」という題名の空想未来小説をリアルに描いた。

私は、知人であるカード研究家の櫻井澄夫氏から聞き、この本を2007年に読んだとき、雷に打たれ

エドワード・ベラミー（中里明彦訳）『かえりみれば』（研究社）：筆者所蔵

ような衝撃を受けた。

　高層ビルが林立する2000年のボストン。街角は綺麗に整備され、外食産業が繁栄している。カード利用枠による労働報酬と年金の配分が行われ、人は商品見本しかない商店でキャッシュレスの買い物をし、商品は即日宅配される。また、コンサートを自宅でリアルに聴ける電話ラジオなど、ネット時代到来を彷彿とさせる。

　高額所得の制限と最低所得の保障など、今でも新鮮な社会テーマが描かれている。「2000年には貧富の差がなくなっている」いうベラミーの予言はいまだ実現していないが、当時の大衆に未来の夢、方向性を示したという点で、彼は単なる占い師ではない。

　彼が生きた1870年代ころから、電気の発明による第二次産業革命がはじまり、米国経済の勃興期だった。その一方で、極度の環境汚染、不潔や貧困が街角に溢れていた。

　オットー・L・ベットマン『金ぴか時代の民衆生活・古き良き時代の悲惨な事情』（草風社）によれば、当時のアメリカは1877年に経済危機、1893年から1898年にかけては不況で、全労働者の5人に1人に当たる400万人が失業者し、1890年には、人口の1％の人々が得た利益は、残りの99％の人の総収入と同じであったという。

　21世紀のいまの時代は、温室効果ガスによる地球規模の環境破壊・異常気象が起こっているし、所得格差はむしろ拡大している。

　たとえば、国際NGOのオックスファムは、「世界で最も富裕な8人が、最も貧困な36億人分と同じ資産を所有している」との推計を2017年に発表している。また、経済大国日本でも、生活保護水準以下の貧しい人が13％もいるのに、実際に受給できている人はわずか1.3％しかいない（原田泰『ベーシックインカム』25頁（中公新書）参照）。

　人工知能の進化の先に、今の職業の半分が人工知能に置き換わり、失業率が50％に達するという2030年問題、そして仕事の90％が汎用人工知能に置き換わり、人類の知恵の総和を超える（人類の破滅）とされる前述2045年問題「シ

第1部　通貨の未来

**〈図表1〉　第四次産業革命とフィンテック**

| | 第一次産業革命 | 第二次産業革命 | 第三次産業革命 | 第四次産業革命（予測） |
|---|---|---|---|---|
| 年代 | 1760〜 | 1870〜 | 1995〜 | 2030へ |
| （和暦） | 江戸中期 | 明治〜昭和 | 平成 | ？ |
| 基幹テクノロジー | 蒸気 | 電気 | PC＆ネット | 人工知能、バイオテクノロジー、ナノテクノロジー |
| 基幹産業 | 工業 | 工業 | サービス業情報産業 | 創造的産業 |
| 生産効率 | 飛躍的向上 | 大量生産 | 少量多品種 | 飛躍的効率化・多様化 |
| 経済体制 | 資本主義 | 資本主義 | 資本主義 | 価値主義（自己実現） |
| リーダー国家 | イギリス | 米国 | 米国 | 米、中、（独、日） |
| 主要通貨 | ポンド | ドル | ドル | 世界通貨 |
| 通貨形態 | 硬貨（金） | 紙幣 | 紙幣⇒カード | 電子通貨（キャッシュレス社会） |
| 金融主体 | 銀行 | 銀行 | 銀行ノンバンク | Fintech 事業者 |
| 所得格差 | 拡大⇒共産主義の台頭 | 中流階級の誕生 | 格差再拡大 | 超拡大（失業率90％）＆人類破滅危機⇒ベーシックインカムの必要性 |
| 社会思想 | 宗教の否定・唯物主義 | 唯物主義・科学万能主義 | 唯物主義・科学万能主義の閉そく感 | 科学と宗教（世界性のある道徳）の融合 |

出所：筆者作成

（参考文献）　井上智洋『人工知能と経済の未来』（文春新書）、佐藤航陽『お金　2.0』（幻冬舎）

ンギュラリティ」が信ぴょう性を帯び始めている。

しかし、それでもなお、人類はバラ色の未来を描きたい生き物だ。

実際、「かえりみれば」は当時のベストセラーになった。

ちなみに、2030年は第四次産業革命が始まる節目とされる（〈図表1〉）。

人工知能に加え、バイオテクノロジー、ナノテクノロジー、宇宙工学など
のハイテク技術にフィンテックが相乗し、さまざまな夢がかなえられそうだ。

また、原子を基礎とする電子コンピュータの時代は間もなく終了し、代わ
りに原子よりはるかに微小な量子を基礎とする量子コンピュータの普及に
よって、いままで不可能だったビッグデータ解析が超高速で行えるようにな
ると予測される。もちろん、現在のデジタルコンピュータでも光速で演算が
できる。ところが、時速3百数十kmに過ぎない人の頭脳神経インパルスは
1000億個のニューロン（神経細胞）が同時に並行処理するため、結果的に人
間のほうがコンピュータより高度な処理をこなしているのだ。

人の頭脳に近い複雑な処理が見込めるのが、量子コンピュータとされる。

今のコンピュータに比べ、演算速度が1億倍ともいわれ、数千年かかる暗
号解読を数時間で終えるという。だから、量子コンピュータが処理する
キャッシュレス、人工知能、ナノテク等で、無形の心と心、さらにモノ、カ
ネ、情報が複雑に絡み合う現実世界の流れを可視化できれば、瞬時にさまざ
まな対応処理が可能になるはずだ。

そのような時代になれば、今まで具体的に迫れなかった「人の本音」など
を超伝導MRIがさまざまにあぶり出し、量子コンピュータが瞬時に解析し
て、利他の行為・独創的発案など無形の貢献には付加価値を供与できるよう
になる。逆に、欺瞞や暴力など他者を損なうマイナス価値は正しく減算する
（罰する）こともできる。「正直者がバカを見ない社会」こそ、人類永遠の夢
だった。前記の〈図表1〉で記した「世界性のある道徳」とは、このような
普遍的倫理を示している。もちろん、プライバシー保護の観点もしっかり組
み込まれていることが、絶対的前提である。

ミチオ・カク教授は、大著『2100年の科学ライフ』の末尾に、ガンジーの

第 1 部　通貨の未来

名言を引用して同書を締めくくっている（461頁）。

「暴力の根源」
労働無き富　　　良心なき快楽
人格なき知識　　道徳無き商売
人間性なき科学　犠牲無き崇拝
理念なき政治

〔第 1 部第 2 章　小河俊紀〕

第3章　"現金社会日本"の歴史をひも解く

# 第3章

# "現金社会日本"の歴史をひも解く

　第一次産業革命後半から第二次産業革命前半に至る百数十年間は、イギリス・アメリカを中心に欧米列強が世界に進出した。日本も幕末から明治にかけて多くの影響を受け、1867年に、270年続いた江戸幕府が瓦解した。江戸時代は農耕社会で、「盆暮払い」が普通だった日本人はオカネ感覚が鷹揚で貯金習慣はなく、農機具購入など高額出費の際は無尽や頼母子講といった共済制度に頼っていた。

　明治新政府の下、「殖産興業、富国強兵」を合言葉に、欧米列強に負けない国造りが最優先となった。そのために、軍備を強化し、工業化政策を一気に進め、国民に労働と貯金を徹底奨励した。

　「先進資本主義から著しく遅れて近代化を開始したわが国では、急激な資本主義化を課題としなければならなかったが、民間資本の形成は大きく立ち遅れており、それをカバーするためには、国家的企業や金融機関が主導的な役割を果たさねばならなかった。郵便貯金事業も、零細預金を安全に保管・運用するというだけでなく、そうした機関の一つとして、全国に分散し、1株にも満たない零細な資金をかき集めて、資本主義的生産に投入してゆかなければならなかったのである」（迎由理男『郵便貯金の発展とその諸要因』（国際連合大学））。

　郵便貯金が明治中期から急激に拡大しているのは、政府の奨励策が功を奏したためである。

21

第1部　通貨の未来

〈図表1〉　郵便貯金規模の推移

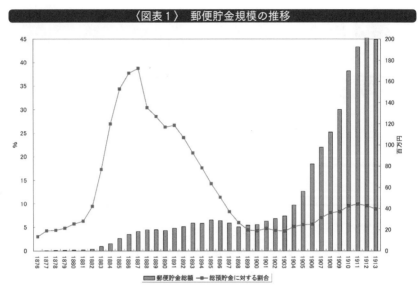

総預貯金＝定期性預金＋当座性預金（郵便貯金を含む）の残高
総貯蓄性預金＝定期性預金＋郵便貯金の残高
出典）　江見康一他『長期経済統計5』第4表
　　　郵政省『郵政百年史資料30巻　郵政統計資料；駅逓局統計書郵政百年史資料総目次』吉川弘文館（1971）、貯第5表
出所：田中光「明治期郵便貯金制度の歴史的展開―大衆資金動員システム形成に関する試論―」東京大学社会科学研究所ディスカッションペーパーシリーズ）

さらに、1931年の満州事変以来、第二次大戦まで、預貯金増強と戦費調達が不可分の政策となった。

「日本の郵便貯金制度は、1875年『恒産あるものは恒心あり』との社会政策的ないし制度的理念から開設され、2007年10月の郵政民営化によって『国営』事業としての役割を終えるこ

報知新聞昭和13年4月26日
出所：神戸大学経済経営研究所新聞記事文庫・報知新聞　軍事（国防）（45-032）

22

とになった。(中略) 財政と金融を媒介する戦前期の郵便貯金は、常に『戦争』との関係で発展してきた」(伊藤真利子「戦時期の郵便貯金―1930 年代預貯金市場を中心として―」ゆうちょ資産研究24巻)。

「1936年度末に1万1,667局であった郵便局所数は、1940年1万3,278局、1944年1万4,238局に激増し続け、戦時体制に突入していく。それらの局と付帯する外延的施設が貯蓄奨励運動の拠点として、貯蓄吸収網の結節をなしていく」(伊藤・前掲)。

さらに、戦後の復興財源として、高度成長のエンジンとして郵便貯金は再度1955年(昭和30年)から1970年代(昭和40年代)まで、広く国民に奨励された。

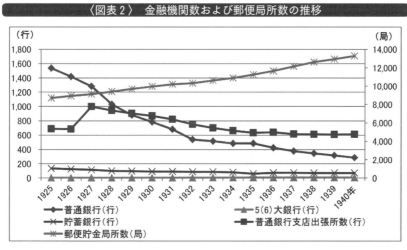

〈図表2〉 金融機関数および郵便局所数の推移

出所：伊藤・前掲 (戦時期)

「高度成長期の郵便貯金の概観を、まず政策面からみれば、高度成長の幕開けとなった1955年、郵便貯金事業は創業80周年を迎えた。この年を記念して、年度当初から『郵便貯金創業80周年記念増強運動』と呼称した郵便貯金の推進が図られたものの、その成果は不振を極めた。このことから、郵便貯金増強のための施策として、(中略)新たに『国土建設郵便貯金特別増強運動』と銘打たれた第2次増強運動が展開されることになった。

この運動では、『郵便貯金で国土の建設』をスローガンとして、広範かつ組織的な郵便貯金増強運動が強力に展開された」(伊藤真利子「高度成長期郵便貯金の発展とその要因―郵便貯金増強メカニズムの形成をめぐって―」郵政資料館研究紀要創刊号)。

結局、明治維新から戦中・戦後高度成長期に至るまで、郵便貯金奨励は大義を変えながら国策であり続けたのである。お金を貯めることを日本では「貯金」というが、これは「郵便貯金」という固有名詞が普及した結果、普通名詞へ転化したものである。

言い換えると、日本人が現金・貯金民族になったのは、ひとえに明治以降

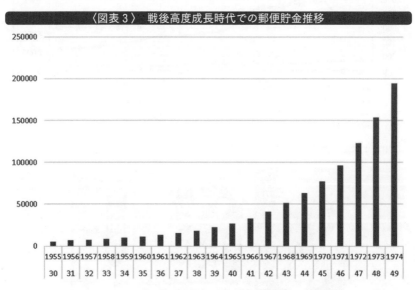

出所：伊藤・前掲（高度成長期）の数値をもとに筆者作成

第3章 "現金社会日本"の歴史をひも解く

北海道室蘭市公報昭和30年10月5日　　佐賀市伊万里市広報昭和30年10月号

100年間にわたる国家政策のなせる技なのである。そのおかげで、日本は見事に復興したが、昭和40年代の高度成長、大量消費時代を迎えても、時代に対処する個人消費政策を打たなかったために、長い間「現金・貯金が一番大切」という国民性が簡単に変わることはなかった（〈図表4〉）。

〈図表4〉 国民性を変えた貯金政策

～江戸時代
農耕社会＝盆暮れ払い
無尽・頼母子講（共済制度）

国民の貯金を財源とした国家振興策

明治～大正～昭和20年
殖産興業・富国強兵策 "欧米に追いつけ追い越せ"

日清日露戦争～第二次大戦
戦費調達 "欲しがりません、勝つまでは！"

終戦～昭和40年
復興財源、高度経済成長

昭和40年代～
大量消費時代とカード時代の幕開け
（現金・貯金文化は温存）

25

第1部　通貨の未来

しかし、皮肉にも、1960年（昭和35年）に民間主導で誕生したクレジット
カードが、それを少なからず補うことになった。意外と知られていない歴史
的貢献として、特筆すべき事例をJCBの歴史を主な題材にいくつかあげて
みる（以下は、JCB社史制作委員会編『JCBカードの半世紀』を参考にした）。

- 発足当初から、公共料金以外では初めて口座振替制度をカード決済に導
  入した。日本の銀行の信頼度の高さが相乗して、カードの基本決済を支
  えた。それは、小切手でカード利用代金を払う文化だったアメリカにも
  波及したほど、日本が育てた独自のキャッシュレス文化である。
- 1967年、JCBがアメリカンエクスプレスと提携して海外で使える海外
  渡航専用カードの発行を開始し、1980年には住友クレジット（現・三井
  住友VISAカード）が世界共通のVISAカードの発行を開始した。海外
  旅行ブーム、日本人のグローバル化を後押ししたといえる。
- 1969年、東京の有名百貨店と組んで、カード会員であれば電話やハガ
  キ、FAXで簡単に申し込める通信販売サービスを開発した。決済は、
  クレジットカードで後払い。地方の消費者に、都会の人気商品を手軽に
  提供する機会を創出した。ネット通販の芽を育てたともいえる。
- 1972年、「無担保無保証カードローン」という画期的な個人融資制度を
  開発し、手軽な資金調達スタイルを育てた。
- 同じく1980年、日本中で使える汎用型ギフトカードを生み出し、「汎用
  性の価値」を日本人に認知させることになった。
- その直後1981年に始めた「カードポイント制度」（カード利用額と回数に
  連動したポイント付加）で、「カード利用の具体的効用」をわかりやすく
  示し、今日のポイント文化を切り開いた。

などなど、昭和40年代以降の日本人の消費スタイルを画期的に変えたカード
サービスが多い。

したがって、日本のキャッシュレス文化の基礎を築いたのは主にクレジッ
トカードであったので、本書では「カード」という用語をキャッシュレスの
象徴として多用している（〈図表5〉）。

26

第3章 "現金社会日本"の歴史をひも解く

〈図表5〉 日本のキャッシュレス構成

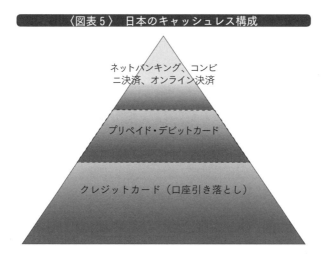

　ちなみに、日本でのクレジットの歴史として、戦後間もない1950年（昭和25年）に、割賦販売の日本信販が事業開始していたが、クレジットカードとしては1960年（昭和35年）8月、月賦百貨店丸井が自店舗で使えるハウスカードとして発行した「赤いカード」が日本初である。1964年東京オリンピック

〈図表6〉 初期の主なクレジットカード（当時名称）

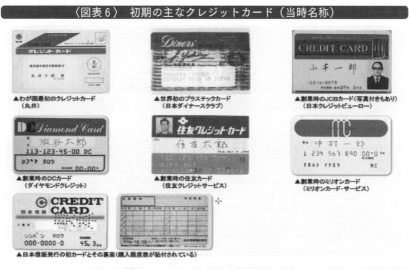

出所：風間眞一氏（元日本信販広報部長）作成2017年放送大学授業資料

27

の4年前だった。そして、その年12月にアメリカのクレジットカードをモデルとした「日本ダイナースクラブ」が発足し、その直後に純国産の「日本クレジットビューロ」（現　ジェーシービー）が、それぞれ汎用カード会社として旗揚げをした。

　以降、1960年代に大手銀行主導で続々と系列のカード会社が誕生した。三菱銀行系のDCカード、住友銀行系の住友カード、第一勧業銀行・富士銀行系のUCカード、東海銀行系のミリオンカードなどである（いずれも、当時の呼称。〈図表6〉は、初期の大手各社カード見本）。

　1968年当時は75万枚程度だったカード発行枚数が、半世紀後の2017年に2億5000万枚を超え、利用額が280億円から58兆円に達した（〈図表7〉）。今昔の感がある。

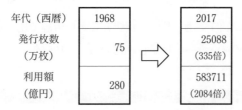

〈図表7〉　カード発行枚数と利用額の半世紀推移

出所：日本クレジット協会、JCB社史制作委員会編・前掲から筆者作成

〔第1部第3章　小河俊紀〕

# 第4章

# 第1部のまとめ

　1995年にインターネットが普及段階となり、世界は瞬時につながるようになって第三次産業革命が勃興した。グローバル化の進展で、カードの利用範囲も飛躍的に広がり、世界を駆けるようになった。日本では、ネット通販の進展がカード決済の利便性を国民に目覚めさせる引き金となった。

　それでもなお、GDP（国内総生産）に対する現金決済額比率が極めて高く、今なお日本は発展途上国並みの現金社会である（〈図表1〉）。

〈図表1〉　対 GDP 現金決済の比率（国際比較）

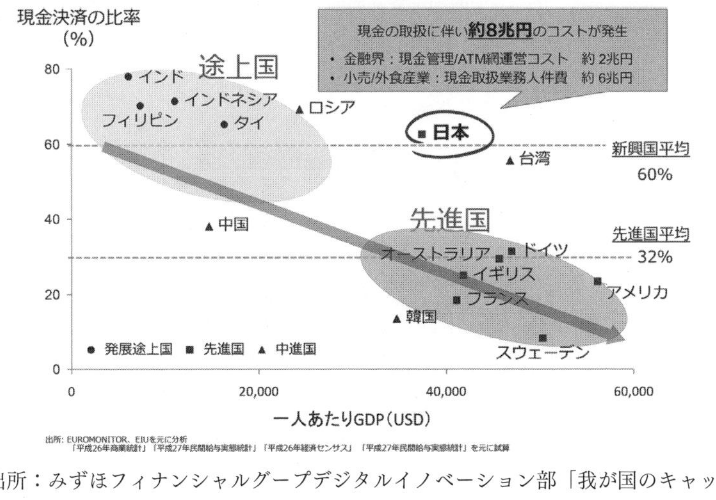

現金決済の比率
（%）

現金の取扱に伴い**約8兆円**のコストが発生
・金融界：現金管理/ATM網運営コスト　約2兆円
・小売/外食産業：現金取扱業務人件費　約6兆円

途上国
● インド
● インドネシア
フィリピン　● タイ　▲ ロシア
■ 日本
新興国平均
60%

▲ 中国
先進国
オーストラリア　● ■ ドイツ
イギリス
■ フランス
アメリカ
▲ 韓国
スウェーデン
先進国平均
32%

● 発展途上国　■ 先進国　▲ 中進国

一人あたりGDP（USD）

出所：EUROMONITOR、EIUを元に分析
「平成26年商業統計」「平成27年民間給与実態統計」「平成26年経済センサス」「平成27年民間給与実態統計」を元に試算

　出所：みずほフィナンシャルグループデジタルイノベーション部「我が国のキャッシュレス化推進に向けた J-Coin 構想について」（2018年1月）4頁

29

ちなみに、GDPとは、一定期間に国内領土に居住する経済主体が生み出した総付加価値額である。これに対し、国内総生産（GDP：Gross Domestic Product）を支出面（＝需要）からとらえたものを国内総支出（GDE：Gross Domestic Expenditure）という。GDEは民間最終支出、政府最終支出、国内総資本形成（民間設備投資、住宅投資、公的固定資本形成、在庫投資）、財貨・サービスの純輸出から成る（知恵蔵から抜粋引用）。

　参考に、2017年度のGDPは、548.7兆円であった。このうち、GDPの55％を占めるのが「民間最終消費支出」であり、そのうち「家計最終消費支出」がキャッシュレス化率を算定する分母数値となる（詳細は、第2部第1章に記載。〈図表2〉）。

　世界のキャッシュレス化の波に乗り遅れた日本ではあるが、今後フィンテックに全力で取り組み、持ち前の器用さで世界をリードすることはできないか。

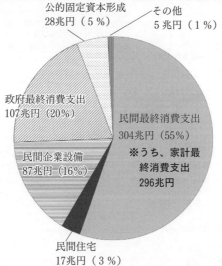

〈図表2〉　日本の名目GDP構成内訳（2017年度、金額と比率）

出所：内閣府の資料をもとに筆者作成

第4章　第1部のまとめ

　たとえば、あらゆる有形・無形の付加価値をデジタル通貨に変え、組織間・個人間で瞬時に授受できる時代をつくれないだろうか。

　利便性や合理性だけでなく、ヒトとしての信用が最大に評価され、所得格差が解消した幸福社会を実現するためにキャッシュレスを整備していけないか、そのような意図で、第1部はいろいろ欲張りな構成となった。

　第1章は空想未来小説の形で、未来の通貨を描いた。生成データの履歴を改ざんできないブロックチェーン技術で、仮想通貨が日本の法定通貨、さらには世界通貨となった日常生活を夢想した。地球温暖化も喫緊課題だ。

　また、重い物体でも浮上する超伝導磁石について、かなりの文字数で触れた。近代科学は、アイザック・ニュートンが提唱した「リンゴが枝から落ちる万有引力（ばんゆういんりょく：universal gravitation）の法則」の発見から始まったとされる。おそらく、重力が自然界にもたらしている影響は果てしないからだろう。通貨の世界でも、石貨から始まり、米、金属、紙、そして電子データと軽い方向に形態が変化してきた。

　その重力自体を心と先端科学が制御できる時代がやってきたらどうなるか。400年近い近代世界観と、人の生き方が大きく変わるかもしれない。

　第2章は、その小説を描くことにした背景として、1760年代の第一次産業革命から第四次産業革命に至る西暦2030年までの270年のスパンについて整理してみた。主に、井上智弘『人工知能と経済の未来』（文春新書）の歴史観を参考にしながら、カードの発案者エドワード・ベラミーの理想「所得格差の少ない社会」を自分なりに反芻した。

　第3章では、キャッシュレスの波に乗れない日本人が、なぜそういう国民性になったかを、明治時代にまで遡り筆者独自にひも解いた。あわせて、ようやく戦後が終わった1960年（昭和35年）に誕生し、ガチガチの現金社会日本で感情的に怪しまれたクレジットカードが、昭和40年代〜昭和50年代の高度成長・大量消費時代に少なからぬ貢献を果たした歴史についても振り返った。

　現金を単に他の電子媒体に置き換えるだけでなく、人類の破滅を防ぐため

31

第1部 通貨の未来

にも、社会保障が完備した幸福社会を実現させるためにも、陰ひなたのない
公平な信用社会を築くためにも、一歩踏み込んで通貨の未来像そのものについて時空横断的・複眼的に議論することが、今こそ大切ではないだろうか。

　通貨の専門家でもない筆者の提言に対し、「荒唐無稽」と厳しい批判をいただくことは覚悟のうえである。それでも、若い30歳代半ばに直面した大手銀行系カード会社審査部での強烈な業務改革体験が自分なりの論拠だ。

　今でも「信用は価値である」と断言できるのは、当時の体験からだ（次頁コラム参照）。

　信用を精密に測定し、数値化できたら、空想ではない現実の未来通貨が生まれる可能性がある。

　荒唐無稽な本稿が、活発な議論の引き金になれば、無上の幸せである。未来は、いつも荒唐無稽から生まれるのだから。

　「もし、ぼくが、わたしが、宇宙からの眼差しを持ったなら、想像の力は光速を超えて、何万何千光年のはるかな星々にまで瞬時に到達できるでしょう。その想像の力こそ、人類ゆえの最高に輝かしいエネルギーなのです」（手塚治虫『ガラスの地球を救え』164頁（光文社））。

〔第1部第4章　小河俊紀〕

第4章　第1部のまとめ

# Column　1980年代のカード審査業務体験余話

　1980年代前半は、第一次多重債務者問題がピークを迎え、偽装申込みによるカード詐取も横行した。また、種々の差別廃止・人権問題がクローズアップされていた。さらに大手カード会社の母体銀行を含め、系列地方銀行のカード会社（フランチャイズ、もしくはブラザーズカンパニー）設立とカード会員獲得競争がし烈を極め、毎日ダンボール箱単位の入会申込書が各地から送られてきていた。当社が二次審査を行うためだ。通常時の5〜6倍の量だった。その混沌の最中に、全国を統括し、かつ東日本地域の入会審査業務全般を受け持つ本社審査部審査課に筆者は配属され、責任者として抜き差しならない立場になった。

　「リーディングカンパニーである当社の責任として、人権尊重の観点で入会申込書の必須記入項目を大きく削減する。判定材料が減っても、全国のお客様に喜んでいただくため遅滞なく審査し、カードは原則1週間以内で発行すること。同時に、応諾率は最大限に高め、かつ多重債務者と偽装申し込み者は厳密に排除し、不良債権発生率はしっかり下げること」。

　審査用の業務パソコンも、インターネットもない時代に、今から考えても恐ろしく難度が高いこの社命を、病気休職中の課長に代わり筆者が拝受した。

　具体的な手本も文献もないので、大きな模造紙を何枚もつなぎ、壁に張り出して部員全員のアイデアを書き込み、擦り合わせ、試行錯誤しながらマニュアル化を進めた。文字どおりPDCA（Plan（計画）・Do（実行）・Check（点検・評価）・Act（改善・処置））の繰り返しだった（次頁の図は、試行錯誤の結果たどり着いた当時の審査業務フローイメージ）。

　膨大な審査実務量の合間を縫ってのプロジェクトのため、食事をする間もないほど悪戦苦闘の日々だった。

　そのプロセスは、かなり複雑で緻密なので本稿で詳しく語るスペースはないが、簡潔に表現すれば、「審査担当者個人の経験と勘に頼る判定をやめ、客観的データに基づく業務フローに再編する」ことだった。

　審査業務を一旦バラバラに分解し、一つひとつの意味を再点検した。主観的要素を排除し、客観的情報の強化を進めた。入会審査の分業化・デジタル

33

第1部　通貨の未来

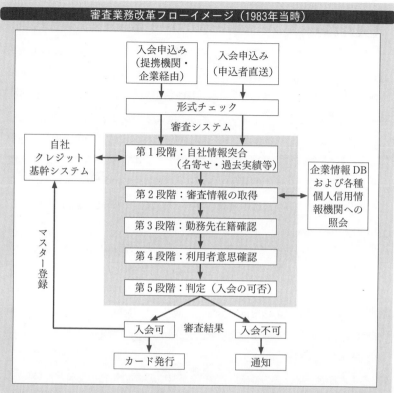

出所：筆者作成

化・均質化だった。審査手法の抜本的改革であり、近代化だった。実際、後年の自動審査開発への布石にもなった。

　もし、生年月日など記載事項に嘘があれば、すべてが上滑りになるので、事実確認作業も可能な限り多角的に試行した。

　特に、広く情報を外部に求めるべく、当時まだ勃興期であり銀行系列とは業務分野が違う個人信用情報機関（信販会社系の日本割賦協会、家電メーカー系の日本信用情報センター2社）に着目した。

　テスト導入を社内提案したところ、関連部門の合意形成が困難だった。それまでに実行してきた全銀協信用情報のマッチング率が微小だったこともあり、「商品分野も違うのでマッチング率は期待できない。余計な業務が増え、審査スピードも落ちる。調査経費の無駄遣い」との異論が多かった。

第4章　第1部のまとめ

　「消費者の生活に業界区分はない！」と筆者は社内の逆風を押し切ってサンプル照会テストを一定期間行い、その結果を見て思い切って全件照会に踏み切った。入会審査だけでなく途上与信というカード管理業務中枢の仕組みにも応用した。気が付けば、縦割りの部門間障壁も突破していた。クビを覚悟で、社内外ともに激しい駆け引きをした記憶がある。

　導入した当初、"360度の視界をもつ魚群探知機ソナー"を装備したような印象だった。ヒトを魚に例えるのは不謹慎なので、医療機器に例えるとCTやMRIに近い可視化が起こった。本当にそれまでのパターン審査の常識が根底から覆るような衝撃だった。「人は表面的な社会的地位や収入だけで判断してはいけない。プラス面・マイナス面ともに個別に継続的に蓄積される固有情報、それが信用だ」と。

　結果、ピンポイントの審査が可能になり、「審査応諾率の向上と判定時間のスピードアップ、延滞債権の縮小」という矛盾しがちな諸要素が両立し、短期間で劇的な成果が生まれた。ようやく社内の認知もいただき、個人信用情報を基礎とした審査手法は、在籍した会社のリーダーシップもあって、グループ会社、さらには業界全体にまで波及していった。

　当時、いろいろ無理をお願いした両信用情報機関はその後合併し、指定信用情報機関CIC（CREDIT INFORMATION CENTER）として大きく発展したので、心からうれしいものがある。

〔コラム　小河俊紀〕

# 第2部

# キャッシュレス社会の実情と課題

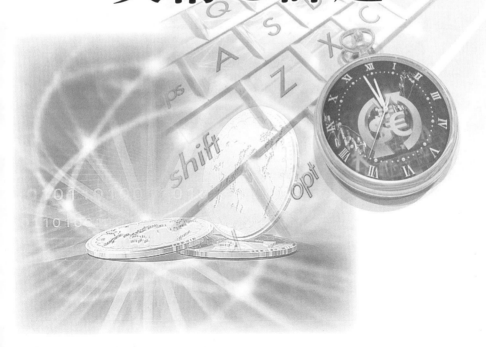

# 第1章

# 日本のキャッシュレス事情と課題

## はじめに

　福澤諭吉、伊藤博文、夏目漱石、樋口一葉、野口英世、新渡戸稲造、聖徳太子、紫式部——彼らに共通するのは、お気づきのとおり日本の「お札」に登場する歴史上の人物だということである。どんな歴史嫌いな人でも、この中の一人や二人はご存知であろう。

出所：日本銀行ホームページ〈https://www.boj.or.jp/note_tfjgs/note/valid/issue.htm/〉

　近代の日本人は、お金という価値を「お札」を通して感じ理解してきた。そして文化的営み（生活）の代表格として「お札」があり、取引上の信用も「お札」が大きな役割を果たしてきた。

　個人であっても法人であっても、消費経済活動には、便利で使いやすく安全な通貨「お札」の仕組みが必要である。

　この「お札」が消える時代を創ろうと日本政府が動き出した。最終的には限りなく現金ゼロ（キャッシュレス決済比率80％）に近い国家に日本を生まれ変わらせるというビジョンである。

初めて新札を手にしたときのある種の感動や、しわしわのお札を手で伸ばしたときのもの悲しさ、そんなノスタルジアな世界をもう味わえなくなる「現金ゼロ」の時代は、我々人間にどんな夢を与えてくれるのだろうか。

もしかしたら「お金」との向き合い方を根本的に変えてくれるかも知れない。キャッシュレスへの動きを単なる決済手段の変化ととらえるのか、新たな文明の始まりととらえるのか、その判断は我々人間に託されている。

2018年6月、政府は「経済財政運営と改革の基本方針2018」を閣議決定した。

その方針の中で「現行の金融・商取引関連法制の機能別・横断的な法制への見直し、ブロックチェーン技術、タイムスタンプ等を用いて簡易かつ高セキュリティな本人確認手続を可能とする仕組みの構築、簡易かつ高セキュリティな決済の仕組みを確保しつつ、二次元コード（QRコード等）のフォーマットに係るルール整備等を図るなどFinTech・キャッシュレス化を推進する」、「マイナンバーカードと実証稼働中の自治体ポイントの活用によりクレジットカード等のポイントを合算し、地域におけるキャッシュレス化推進の仕組みを全国各地に導入・展開する」などキャッシュレス化の推進を重点政策として取り上げている。

先進的なイノベーションにより革新的なキャッシュレス環境の整備を国の政策として推進するとしたもので、この革新的なキャッシュレス環境により第四次産業革命を大きく前進させ、日本力のアップを実現し、その果実の多くが国民生活にもたらされるという大いなるチャレンジだ。

具体的には2027年を目途にキャッシュレス決済比率40％を目指すことが再確認された。それも2020年の東京五輪・パラを意識して、できうる限り前倒しの実現（2025年を目途）をとの思いが強く、将来的には世界最高水準の80％を目指す方向である。

ただ何がキャッシュレスなのか、キャッシュレス決済比率40％といわれてもピンとこない人も多いのではないか。どのようなキャッシュレス決済で40％に、はたまた80％社会にしようとしているのか、こうしたことが漠然と

第 2 部　キャッシュレス社会の実情と課題

したままでは、国民は蚊帳の外である。

　最近新聞紙上やテレビ番組で、中国や北欧のキャッシュレス決済の報道が目に付くようになり、国民の認知度も上がっているように見えるが、写真や映像で流れる風景は、必ずといってよいほどスマホ QR コード決済である。無意識のうちに、キャッシュレス決済＝スマホ QR コード決済というイメージだけが刷り込まれてしまうのではないかと危惧を抱くのは筆者だけだろうか。

　クレジットカードも賢く使えば生活の幅も広がり、計画的な家計管理も可能になるが、「労働なき富」（ガンジー）により手軽に得られた経験が仇となる人生も一方の現実である。

　1980 年代に激増した「サラ金地獄」、1992 年〜 97 年に大発生した多重債務、自己破産による社会問題は、カード業界に大きな影を落としたのである。キャッシュレス化の促進が、このような負の遺産を残すようではならない。

　本章では、まず現金大国といわれる日本の現金社会事情にふれてみたい。何が現金大国なのか、その実態を知ることが、そのままキャッシュレス理解の近道と思うからである。

# 1　現金大国「日本」を垣間見る

　外出時に、財布に現金が入っていないとなぜか心配になる。それが一般的な日本人の姿であろう。現在では全国の CVS（コンビニエンスストア）に設置（約 5 万台以上）されている ATM（現金自動預け払い機）のおかげであろうか、とりあえずキャッシュカードさえ持っていればという人も多く見かける。

　ATM が財布代わりとなり、365 日 24 時間必要なときに必要なお金を引き出せるサービスを日本人は獲得し、手数料は別にして CVS での ATM 利用に満足をしているのである。

## (1)　市中（国内）にどのくらいの現金がばら撒まかれているのか

　日本銀行が公表している通貨流通高というデータがある。毎年どの程度の通貨（紙幣・貨幣）が流通しているかを示したものだ。通貨とは法定通貨を

意味し、正式には紙幣を日本銀行券、貨幣を補助貨幣と呼んでいる。

2017年度では通貨流通高が111兆5081億円となっているが、多くは1万円札で占領されている。映画やテレビドラマで見かける札束の山やビルからバラまかれるシーンに登場するのは決まって1万円札で、それだけ象徴的な存在になっている。

とりあえず2015年から2017年の過去3年間にわたる貨幣流通高の推移をみてみよう。

**〈図表1〉 日本の通貨流通高推移（単位：億円）**

|  | 銀行券発行高 | 貨幣流通高 | 通貨流通高 |
|---|---|---|---|
| 2015 | 984,299 | 46,900 | 1,031,200 |
| 2016 | 1,024,612 | 47,422 | 1,072,034 |
| 2017 | 1,067,165 | 47,916 | 1,115,081 |

出所：日本銀行「通貨流通高」より筆者作成（各年12月現在）

発行高（紙幣が主流）は直近3年間に9％弱も増加した。日本銀行（国立印刷局）も大変で、いくら刷ってもお札が減らないどころか増えているのだ。ちなみに貨幣は造幣局で製造されている。

最近、電子マネーやクレジットカードを利用する風景が多くなったと実感している割には、反比例の現象が社会では起きているのである。

日本銀行のホームページを見ると「2017年（平成29年）の大晦日、一般家庭や企業、金融機関などで年越しした銀行券（お札）の残高は、合計で106.7兆円（枚数では165.3億枚）でした。これを積み重ねると、約1,653km（富士山の約438倍の高さ）に達します。また、横に並べた場合には、約257万km（地球の約64周分、月までの距離の約7倍に相当）となります」と質問コーナー「教えて！ にちぎん」で答えている[1]。

さらに、経済成長を示す名目GDP（国内総生産：Gross Domestic Product）

---

1 〈http://www.boj.or.jp/announcements/education/oshiete/money/c06.htm/〉

を分母にした通貨流通高の比率（BIS 比率）をみても、先進諸国の平均が約5％、キャッシュレス先進国といわれる北欧では1％台、それらに比較して日本は約20％と一国だけ突出していることが報告されている[2]。ちなみに BIS とは国際決済銀行（Bank for International Settlements）のことで、そこで示された統計値である。

しかし、これまで社会の血液として役割を果たしてきた現金のメカニズムでは、今後のデジタル社会の要請に応えられない時代に私たちは直面しているのも事実である。

そのような社会の進展にブレーキを掛けているのが大量に流通する現金という通貨であるならば、それに代わる新たなキャッシュレス社会を模索することも日本にとっては絶好のチャンスとなる。

### ⑵　ガラパゴス化するのか、現金先進国家としての日本

#### ⒜　紙幣（日本銀行券）の功罪

お札は、それを誰がどのように使ったのかという履歴は残らない。フランスを代表する経済学者のダニエル・コーエン氏は、その著『経済成長という呪い』（東洋経済新報社、林昌宏訳）の中で「貨幣のない社会では直接的なつながりしかない。（中略）金銭的なつながりでは、まったく反対のことが生じる。貨幣を支払った時点で関係は終わる。（中略）われわれは貨幣のおかげで他者との関係から解放される。問題は、貨幣にはその後に他者との関係を再構築する方法が用意されていないことだ」と指摘し、貨幣（現金）の匿名性に関する強みと弱点を明確に述べている。

紙幣発行高が増え続ける理由と GDP や国内家計最終消費支出の増減は深く関係していると思われるが、紙幣発行高の要因は他にもあるのではと憶測も生じる。むしろ日本の通貨増加状況は、発行された紙幣が市場の取引に登場しないままフリーズされていることに着目すべきである。

いつの世にも、どんな社会でも「表」に出ないお金が存在する。出ないと

---

2　日本銀行「（決済システムレポート別冊）BIS 決済統計からみた日本のリテール・大口資金決済システムの特徴」3頁。

いうよりも出さない、あるいは出せないお金である。このようなお金がどこに潜伏しているのか詮索はしないが、その多くは「紙幣」として市場の取引には顔を出さずに、GDPや国内家計最終消費支出にも貢献せず眠っているのである。

現金は製造から管理、回収、処分までの直接コストに始まり、目に見えない現金に関連するコストまで多額の費用が掛かっており、市場取引で流通することで価値を生むはずなのであるが、フリーズした現金は日本国にとってコストパフォーマンスの良い通貨とはいえない。

このような現象を生む引き金になっているのが、匿名性を持つ現金の「弱み」であり、キャッシュレス化が叫ばれる一因となっている。

(B) 紙幣の偽造犯罪が極めて少ない現金先進国「日本」

オレオレ詐欺や古典的窃盗・搾取など「お金」にまつわる事件は日常茶飯事であるが、これらの多くは現金が「足がつかない」ことを前提に起こされている事犯である。これが「足がつく」現金であれば、このような犯罪は減少するかも知れない。

お札は、お金だと誰もが認め信じられて初めてお金として通用する。お札の信用秩序を根底から揺るがす偽造は、国家にとって許されない犯罪である。

そのため偽造・変造犯罪に関しては、通貨偽造罪、偽造通貨行使等罪、通貨偽造等準備罪などにより、最高刑無期懲役の重罪が適用されている。

実際に日本ではどの程度偽造犯罪が起こっているのか、海外の偽造発生状況と比較して実態をみてみよう。

〈図表2〉によると、日本の偽造券発見率は先進国と比較して突出して低く(0.00003％)、通貨流通高の高い割に偽造発見率は極めて低いことがわかる。

日本の警察が世界と比較して捜査・検挙能力が劣っているなら、この分析結果も不思議ではない。しかし他の犯罪検挙率と比較して偽造券発見率だけが異常に低いとは、日本の警察能力から考えても合点はいかない。

素直に、突出した通貨流通高であっても偽造犯罪が極めて低く、現金を安心して使える「現金先進国」とみるべきであろう。同時に高い印刷技術、セ

第2部　キャッシュレス社会の実情と課題

> **〈図表2〉　諸外国の偽造発生状況（平成22年）**

| | 日本 | アメリカ | イギリス | ユーロ圏 |
|---|---|---|---|---|
| 偽造発生状況（注） | 1倍 | 335倍（ドル） | 390倍（ポンド） | 178倍（ユーロ） |
| 偽造券発見割合<br>（発見枚数／流通量） | 0.00003%<br>（3.6千枚／<br>120.9億枚） | 0.01%偽造券の<br>発生割合は1万<br>枚に1枚 | 0.011687%<br>（300千枚／<br>25.7億枚） | 0.0053%<br>（751千枚／<br>141.7億枚） |
| 出所 | 発見枚数：警察庁<br>流通量：日本銀行 | 発見割合：アメリカ財務省 | 発見枚数・流通量：イングランド銀行 | 発見枚数・流通量：ヨーロッパ中央銀行 |

（注）　日本の偽造発生率を「1」とした場合

出所：渡部晶「わが国の通貨制度（幣制）の運用状況について」ファイナンス（財務省広報誌）2012年8月号29頁

キュリティ技術により紙幣が偽造しにくいことも、この状況から読み解くことができる。

　セキュリティに絶対はない。コピー技術もかなり進化しており、常に偽造犯罪との「イタチの追いかけっこ」だが、日本の造幣技術が現金決済の信用秩序を支えているのは間違いない。

　他方でインターネットの進展につれて非対面の取引が急速に伸びており、現金では対応できないリアル＆バーチャル共通の決済環境と、安心して使えるセキュリティ技術が求められている。

　(C)　現金決済を支える日本のATM・POSレジ等の事情

(a)　ATM事情

　現金決済社会にとってATMは必要不可欠な決済インフラである。ひと昔前まではATM操作に戸惑う高齢者も見かけたが、今日では、そうした風景は少なくなった。

　ゆうちょ銀行（約2万8000台）をはじめとして、セブン銀行などのCVS系銀行（約5万4000台）や都市銀行などの金融機関（約10万9000台）に設置されている台数は、日本全体で約20万台（2029年度）と推定される。

44

海外主要国の人口100万人あたりのATM設置と比較すると、主要国の順位では7番目となっており[3]、突出した通貨流通高の割にはATM設置数が人口に対して突出して多いとはいえない。

インターネットバンキングの普及で、個人、法人のATM利用は減少しているはずだが、今日でも週末や給料日に、銀行のATMに長蛇の人が並ぶのは、このデータから納得ができる。

一方でATM勢力圏の大きな変化がある。都市銀行、地方銀行を中心とした店舗の統廃合に加え、CVS系ATMの急速な普及によりCVS系ATMを利用する顧客が増加し、ゆうちょ銀行を除いて銀行ATMを利用する顧客が減少した。

その結果、銀行のATM運営による収益は低下傾向となり、ATMを直接保有しない銀行も出現、ゆうちょ銀行とCVS系銀行を除いた銀行系ATMは、今後コスト削減に向けて共同利用や設置委託が増加すると予想される。

みずほフィナンシャルグループでは、全国のATM維持コスト（ATM機器費・設置費・事業運営費・現金関連業務人件費・警備会社委託費など）を年間約2兆円と試算（CVS系ATMは銀行ATMの50%程度と予測）、さらに小売／外食業界の現金決済取扱いに伴う維持運営コスト（人件費を含む）を約6兆円としている[4]。

銀行を取り巻く環境は、本業業務の収益悪化など増々厳しくなることが予測され、地方銀行では地域一番、二番銀行が合併するなど急速に再編が進み、フィンテックなどを活用した新たなビジネスの取り組みが始まっている。

ATMの管理運営もキャッシュレス化の促進を通して、顧客との接点機会の創出拡大に軸足を移し、従来型のATMビジネスの転換を図っている。隆盛を極めているCVS系ATMも、AIを活用してATMビジネスの最適化を実現すべく新たな取り組みを開始した。

---

3　BIS決済市場インフラ委員会（CPMI:2016）資料より
4　みずほフィナンシャルグループ「我が国のキャッシュレス化推進に向けたJ-Coin構想について」（2018年1月）

ATM は現金決済には欠かせないインフラではあるが、それを維持するためのコストも事業者に大きな負担となっており、そのしわ寄せは高い手数料（消費者から見て）として消費者に還ってくることも忘れてはならない。

(b) POS レジ・関連機器事情

経済産業省「平成28年経済センサス－活動調査」によると、小売業、生活関連サービス業（娯楽含む）、宿泊・飲食サービス業など日常的に店頭等で現金を取り扱う事業者だけでも約250万あり、それぞれに POS レジなどが1台から数百台設置されていると推定できる。

さらに自販機、券売機など自動機（ビルバリ：通貨判別機内臓）の設置台数は約427万台（日本自動販売システム機械工業会）で、販売・提供された商品・サービスの年間販売額は約4兆7000億円（2016年度）に達している。

みずほフィナンシャルグループによると、小売・外食関連のキャッシュレス化による削減効果は約3兆円と試算されており[5]、サービス業の生産性を向上させる有効な手段であることは間違いない。

店頭というショッピングの最前線では POS レジは最大の武器であり、近年では、タブレット型 POS レジ、セルフレジ、ウェアラブル POS と省人型や無人型店舗を意識した製品が市場に投入されている。現金決済も POS レジなしではスムーズな処理は不可能であり、現金大国を支えるインフラになっている。

キャッシュレス化とは、このような現金社会を支えているインフラをハードからソフトまで入れ替えること、それはそこでビジネスを展開する企業や人間が排除されるイメージが付きまとうことも一方の事実である。

しかし技術の進歩、キャッシュレス化が人間を社会から切り離すものではないこと、営みを奪うものではないと筆者は信じている。キャッシュレス化により受ける恩恵が、現金社会から受けてきた恩恵よりもはるかに優っていることを、国民・事業者に説明できるだけの説得力が必要である。

---

5　みずほフィナンシャルグループ・前掲（注4）

## 2 日本のキャッシュレス決済事情を俯瞰する

キャッシュレスという用語は和製英語で、BIS（Bank for International Settlements：国際決済銀行）や世界銀行等のレポートでは見かけない。

キャッシュレスに関して、キャッシュレス・ビジョンでは「物理的な現金（紙幣・貨幣）を使用しなくとも活動できる状態」と定義したが、海外ではキャッシュレスをその定義とおりには理解されていないようである。いい換えれば、キャッシュレスは日本独自のカテゴリーである。

### (1) 政府が発表したキャッシュレス決済の範囲

経済産業省が2018年4月に公表した「キャッシュレス・ビジョン」では、「キャッシュレス支払の主体としては、消費者（C：Consumer）、事業者（B：Business）、政府（G：Government）が存在する。我が国におけるキャッシュレスの推進には、これらC、B、G全てについて検討が行われるべきであるが」としつつ、国際比較やデータ取得が可能で、かつ時間的制約などの関係

〈図表3〉 キャッシュレスビジョンでのキャッシュレス決済の範囲

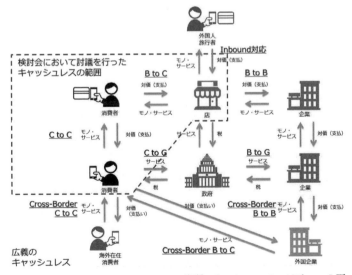

出所：キャッシュレス・ビジョン5頁

から、広義のキャッシュレスに対して狭義のキャッシュレスの枠内で検討を行ったとしている（〈図表3〉）。

(2) 広義のキャッシュレスと狭義のキャッシュレス

狭義のキャッシュレスの枠の中で検討した結果、対象にしたのがクレジットカード、デビットカード、電子マネー（代表8社）の3決済である（〈図表4〉参照）。キャッシュレス・ビジョンや「未来投資戦略2018」（2018年6月閣議決定）で使用されているキャッシュレス決済は、この3決済を指している。ただ同ビジョンで対象とした決済手段に関して「実社会の状況を正しく反映しているとは言えない部分も存在する」とも断り書きを付している。

一方で、金融調査研究会（全国銀行協会内）では、キャッシュレスを「各種取引において紙幣や貨幣といった現金通貨を用いないこと」と定義して、具体的なキャッシュレス手段として、①預金取扱金融機関による振込／口座振替、②振込／口座振替を前提とする決済手段（クレジットカード・デビット

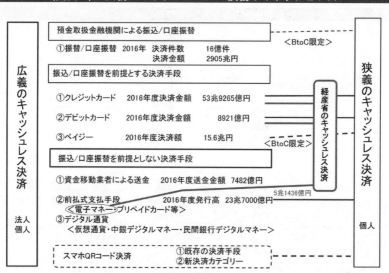

〈図表4〉 広義のキャッシュレス・狭義のキャッシュレス

出所：「キャッシュレス社会の進展と金融制度のあり方」（金融調査研究会）、「キャッシュレス・ビジョン」等を参考に筆者作成

カード・ペイジー)、③振込／口座振替を前提としない決済手段（資金移動による送金・前払式支払手段〈電子マネー・プリペイドカード等〉・デジタル通貨〈仮想通貨・中央銀行デジタル通貨・民間デジタル通貨〉）を挙げ、当初から広義のキャッシュレスを含めた検討が行われた。

キャッシュレス・ビジョンで示されているキャッシュレス決済比率の内訳と計算方法とを見てみよう（〈図表5〉）。

① クレジットカード決済額（2016年決済額：53兆9265億円）

② デビットカード決済額（2016年決済額：8921億円）

③ 電子マネー決済額（2016年決済額：5兆1436億円）

以上の①〜③に示された決済手段の合計がキャッシュレス決済比率の基礎となる決済額（分子）である。

そのうえで民間最終消費支出（内閣府。2016年：300兆4936億円）を分母に、キャッシュレス決済の比率を算出しているのだ。実額で算出すると、

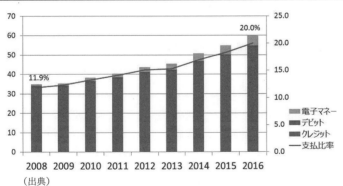

〈図表5〉 2016年度 日本のキャッシュレス決済（カード決済）比率

（出典）
・民間最終消費支出：内閣府「2016年度国民経済計算」
・クレジット：（一社）日本クレジット協会調査（注）2012年までは加盟クレジット会社へのアンケート調査結果を基にした推計値、平成25年以降は指定信用情報機関に登録されている実数値を使用。
・デビット：日本デビットカード推進協議会（〜2015年）、2016年は日銀レポート
・電子マネー：日本銀行「電子マネー計数」

出所：キャッシュレス・ビジョン22頁
「図表17 キャッシュレス支払額と民間消費支出に占める比率」

第2部　キャッシュレス社会の実情と課題

（53兆9265億＋8921億＋5兆1436億）÷300兆4936億＝20％

となる。この20％が〈図表5〉で示されている2016年のキャッシュレス決済比率で、新聞紙上やテレビで報道されている中身である。多くの国民は20％の中身をほとんど理解しないまま「日本はキャッシュレス化が遅れている」というイメージだけを風聞し目にしている可能性が高い。

### (3)　キャッシュレス決済比率は25.5％（対国内家計最終消費支出）

キャッシュレス・ビジョンでは、キャッシュレス決済比率の計算式を、

キャッシュレス支払手段による年間支払手段÷国の家計最終消費支出

として、分母を「国の家計最終消費支出」を採用すると明記しているが（同ビジョン6頁）、同時に、分母を民間最終消費支出した資料（〈図表5〉、同ビジョン22頁）を記載しているため紛らわしくなっている。そこで本章では、以下の条件で、実態に近づけたキャッシュレス決済比率の見直しを行った。

①　すべての電子マネー、プリペイドカードを対象に算出する。

②　キャッシュレス・ビジョンで示された個人消費に最も近い国内家計最終消費支出を分母に算出をする。

その結果は、〈図表6〉で示したように、キャッシュレス決済比率は

〈図表6〉　2016年　実態に即した日本のキャッシュレス決済比率

■2016年　カード決済額　　　　　　　　　74兆8644億円……A

（内訳）　クレジットカード決済　　　　53兆9265億円

　　　　　デビットカード決済額　　　　　　8921億円

　　　　　電子マネー・プリペイド決済額　20兆0458億円

（金融庁・日本資金決済業協会資料より算出）

■2016年　家計最終消費支出額（名目）　　　293兆8437億円……B

（内閣府「国民経済計算」による）

■2016年　キャッシュレス決済比率　　25.5％

74兆8644億円（A）÷ 293兆8437億円（B）＝ 25.5％

25.5％となる。

なお採用した統計年度は2016年である。一部最新データ（2017年）も発表されているが、決済統計が揃っている2016年をベースに算出を行う方が公平な比較ができると判断したからである。

ちなみにキャッシュレス決済比率20％と25.5％の違いは、分母の違いと電子マネー・プリペイド等の対象の違いによるが、その理由は後でふれる。

家計最終消費支出（Final Consumption Expenditure of Households）とは年間の個人消費支出を指し、12分野87目的分類を対象にしており日本のGDP（国内総生産：Gross Domestic Product）の約50％〜60％を占めている。

日本の経済動向を示すGDPの約50％〜60％を個人消費が支えているということは、それだけ家計最終消費支出が日本の景気動向に大きな影響を与えていることを示唆している。

家計最終消費支出（個人消費）をいかに活性化するかが経済政策の当面の課題であるかはこの点からも明らかだ。

## 3　キャッシュレス決済比率40％実現に向けたアプローチ

### ⑴　アプローチの枠組み

政府は2027年（2025年に前倒し）を途をにキャッシュレス決済比率40％を目指すとしている。なぜ40％なのかというその合理的裏づけは示されていないが、唯一考えられる理由として、諸外国のキャッシュレス決済比率が平均40％〜60％であることから、とりあえず平均値の40％程度には追いつくべきということか。

これは皮肉ではない。何を裏づけとして、どのようなキャッシュレス決済分布を構図に描いているのか、関係者も知りたいであろうし、政府は国民に知らせる義務がある。

キャッシュレス・ビジョンでは、キャッシュレスが普及しにくい背景を、社会情勢、実店舗等、消費者、サービス事業者の四点からそれぞれ具体的に分析し、その解消のための方向性を次のように示している。

① 実店舗等におけるキャッシュレス支払導入に掛かるボトルネックの解消

　　手数料の改善、低額支払いの整備、証票の電子化、導入等の補助金、規格の標準化、既存インフラの改善などを通して導入の促進を図る。

② 消費者に対する利便性の向上と試す機会の拡大

　　消費者ニーズの把握、利便性や安心感の向上、不安感の除去、消費者保護、消費者教育、優遇措置などを通して消費者理解を深める。

③ 支払サービス事業者のビジネスモデル変革を後押しする環境整備

　　加盟店手数料の再検討、インターチェンジフィのあり方、本人確認／認証の整備などを通して適切なビジネスモデルの検討整備

④ 産官学によるキャッシュレス推進の強化

　　大阪・関西万博に向けキャッシュレス推進を促進、世界最高水準のキャッシュレス決済80％を目指す。具体的な取り組みは、「キャッシュレス推進協議会」（2018年7月設立）において、産官学連携で進める。

⑤ 新産業の創造

　　商流・物流・金流の連動を通してビジネスモデルのイノベーションを促す。データの利活用の円滑化に着目しキャッシュレス支払いのさらなるイノベーションを喚起して、関連する事業者と政府をはじめとする関係機関が実証実験等のサポートを行う。現在の業態別の法体系を、機能的・横断的なものに移行していく。

諸外国では多様なキャッシュレス化が進んでおり、キャッシュレス化の実現は、単なる省力化、コスト削減だけではなく「新産業の創出」という果実を企業、国民にもたらすということがバックボーンになっているのだ。キャッシュレス決済比率40％とは、その果実をもたらすための最初のハードルであると筆者はとらえている。

　前掲のキャッシュレス決済比率25.5％から40％に向けた具体的アプローチを図式化したものが〈図表7〉である。

　経済産業省が対象とするクレジットカード、デビットカード、一部電子マ

第1章　日本のキャッシュレス事情と課題

〈図表7〉　キャッシュレス決済比率40％、80％に向けたアプローチ

|  | 2020 | 2027 | 2050 |
|---|---|---|---|
| 経産省比率 - - - - -<br>筆者比率 ➡ | 25.5％ | 40％ | 80％ |

クレジットカード

デビットカード

電子マネー

プリペイドカード

新決済手段

新通貨

出所：筆者作成

ネー（----部分）ではなく、電子マネー・プリペイドカード決済、QRコード決等新決済(➡部分)に広げたアプローチとするほうが実態に近いはずだ。

キャシュレス決済比率40％、80％に向けて、まずは現時点の認識（キャッシュレス決済対象）を変更するとともに、今後どこまでキャッシュレス決済の対象を広げて考えるのかである。

ただ留意しておくべき点として、キャシュレス決済比率40％、80％と数字で示すのであれば明確な枠組みを決めておく必要がある。

①　口座振替・自動引落しなど電子送金・口座取引の扱い

②　訪日外国人のクレジットカードやデビットカード、またQRコードの決済額の扱い（キャッシュレス決済比率に反映されていないため）

③　QRコード決済を対象にする場合は、クレジットカード、デビットカード、電子マネー・プリペイドカードとしてカウントされるものと、新たな決済カテゴリーとしてカウントされるものの扱い

**(2)　日本の経済成長から2027年40％の景色を眺望する**

みずほ総合研究所によると2016年から2027年までの日本経済の見通しついて、〈図表8〉のように予測をしている。

この予測を参考に2016年以降の個人消費の成長率予測をベースに、2027年の家計最終消費支出を算出すると約315兆9689億円と予測される。

上記の消費支出をベースに2027年度のキャッシュレス決済比率40％を実額

53

第2部　キャッシュレス社会の実情と課題

〈図表8〉　日本経済の見通し

| 年度 | 2016 | 2017 | 2018 | 2019 | 2020 | 2021 | 2022 | 2023 | 2024 | 2025 | 2026 | 2027 |
|---|---|---|---|---|---|---|---|---|---|---|---|---|
| 実質GDP<br>前年比、% | 1.2 | 1.6 | 1.2 | 0.8 | 0.6 | 0.9 | 1.1 | 1.1 | 1.1 | 1.0 | 1.0 | 1.0 |
| 名目GDP<br>前年比、% | 1.0 | 1.7 | 1.2 | 1.3 | 1.4 | 1.3 | 1.7 | 1.6 | 1.5 | 1.4 | 1.4 | 1.3 |
| 個人消費<br>前年比、% | 0.3 | 0.9 | 0.8 | 0.6 | ▲0.0 | 0.8 | 0.8 | 0.8 | 0.7 | 0.7 | 0.6 | 0.6 |

出所：みずほ総合研究所「日本経済の中期見通し」（2018年7月4日）9頁より抜粋

で算出すると約126兆3876億円となる。

　　計算方式　315兆9689億円×40％＝126兆3876億円

　2016年のキャッシュレス決済額は約74兆8644億円で、2027年までに51兆5232億円を増加すれば40％を実現するとする見方もできる。

　シンクタンクによってはクレジットカード決済額だけで2020年には75兆円前後（前年比約8％を想定）になるとの予測をするところもあり、そうなれば早い段階でキャッシュレス決済比率が40％を超え、新たなステージに進む速度が早まる。40％実現へのステップが次への80％の風景を映し出す原動力になるからだ。

### (3)　社会・経済・ビジネス環境から2027年40％の景色を眺望する

　2027年までの日本の経済・社会・政治日程は、キャッシュレス決済比率40％を達成する工程を考えるうえでは考慮すべき点である。

　日本の経済に影響を与えると思われる国内事情を列挙すると、①消費税の増額（2019年10月予定。軽減税率の導入）、②東京オリンピック・パラリンピック（2020年7～9月。インバウンド）、③大阪万博（2025年開催予定）、④リニア開通（2027年予定）、⑤少子高齢化（団塊の世代が70歳代、団塊ジュニアが50歳代）、⑥グローバル化などがあり、その多くは次に述べるように、キャッシュレス化の追い風になると考えられる。

(A) 消費者マインドと少子高齢化

　キャッシュレス・ビジョンに取り上げられた調査結果で、「キャッシュレス社会になった方がよいか」と尋ねたところ、女性では「ならない方がよい」と答えた割合が61.5％と、男性以上にキャッシュレス社会に不安を抱えていることが確認されている（〈図表9〉）。

　クレジットカード会員の70％は女性と回答するカード会社もあり、個人消費の最大の功労者である女性に不安を抱かせたままでは、キャッシュレス社会は誰も思い描けない。

　上記のアンケートでは、「ならない方がよい」と答えた理由として、①浪費しそうだから、②お金の感覚が麻痺しそうだから、③お金のありがたみがなくなりそうだから、などの回答が寄せられた[6]。

　30年前に旧経済企画庁が民間調査会社に委託して「カードを持ちたくない理由」を調査したが、その回答も同様であった[7]。この古くて新しい「使いすぎに対する不安」を、消費者マインドから解消しなくてはならないことが喫緊の課題であることを、このデータは物語っている。

　大手クレジットカード会社においても、キャッシュレス化を方向づける要素として、①テクノロジー、②サービス・プロダクト（仕掛け・仕組み）、③

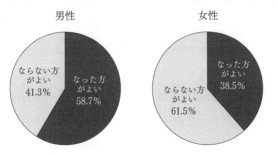

〈図9〉 キャッシュレス社会への期待と不安

出所：キャッシュレス・ビジョン27頁（博報堂生活総合研究所調査）

---

6　キャッシュレス・ビジョン28頁
7　旧経済企画庁物価局物価管理室編『カード化と流通効率化』（1986年）

マインド（人の気持ち・心情）の３点を挙げ、特に「キャッシュレス化の決め手は利用者の『マインド（心情）』であり、キャッシュレス手段を使ってもらうための心理的障害（ハードル）が存在」するとして、その解消のために何をすべきかが課題となるとしている。

一方で少子高齢化が急速に進み、キャッシュレス決済に慣れた高齢者世代のシェアが拡大する。そこではEC利用がますます拡大するともに、新たな団塊世代＆ジュニア市場を生む可能性も期待され、キャッシュレス化にとっても大きなチャンスである。

### (B) 日本型ビジネスモデルをどうとらえるのか

日本と欧米諸国で異なるのは収益構造の問題である。欧米では会員からのリボルビング収益がカード事業のベースであるが、マンスリークリアが主流（決済率88％）の日本では、会員からショッピング手数料を徴収していないため、加盟店手数料を欧米並みに低くできない。

キャッシュレス・ビジョンでは加盟店手数料の低廉化の検討が示されているが、この問題をどうとらえるかも一方の課題であろう。

マンスリークリアにも手数料を設けるべきではとの意見も一部にはあるが、手数料なしのマンスリークリアが定着しており消費者の理解が得られない、もし移行したら多くの会員がクレジットカード離れを起こすと考えているのだ。このクレジットカード会社の判断を否定はできない。

欧米諸国では、デビットカードが急成長しクレジットカードと比肩する状況となっている。クレジットカードを持てない人やリボルビング支払いを減らしたい人が、デビットカード利用を押し上げているのだ。

クレジットカードとデビットカードをともに銀行が発行する欧米諸国では、カードビジネスをトータルなリテールバンキングとして展開、最近では決済手数料をフィービジネスとする戦略から情報取得の手段とするビジネス戦略にシフトしていることも特徴である。

日本では、クレジットカードはクレジットカード会社（一部銀行本体発行もある）が、デビットカードは銀行が発行するスキームがベースにあり、そ

のため多種多様なクレジットカード会社が存在し、デビットカードを発行する銀行と必ずしも利害が結びつかないこともあり、クレジットカード会社がマンスリークリアを手放すことは考えにくい。

こうした欧米諸国との異なる事情を抜きにして、端末機設置の支援やカードインフラの見直しだけで加盟店手数料を欧米並みにできるか難しい問題である。

### (C) 東京オリンピック・パラリンピック、大阪万博、インバウンドとキャシュレス化

東京オリンピック・パラリンピックを起爆剤としてキャシュレス化を一層促進すべく、政府および決済関連事業者が連携して「キャシュレス推進協議会」を2018年に発足させた。

ATM や決済端末網を整備して訪日外国人のバイイングパワーを喚起しようとする政策の一環で、具体的には QR コードの標準化や ATM・POS レジの IC カード対応により、ストレスなく訪日外国人がクレジットカードやデビットカードを利用できる環境の整備を急ぐとしている。インバウンドは、キャシュレス化に向けた課題の克服を後押しできる、数少ない引き金であることは間違いない。

その狙いはインバウンドだけにとどまらず、国内のキャシュレス基盤を整備することにある。なぜなら第四次産業革命による生産性の向上に、キャシュレス化は必須の課題であるからだ。生産性の向上は、収益性だけでなく労働環境・賃金環境・成長戦略にも大きな影響を与える。

関連する業界団体も本格的に腰を上げて、IC カード環境の整備に力を入れ始めているが、接触 IC、非接触 IC、国際仕様と国内仕様など、必ずしも業界団体の姿勢は一枚岩ではない。

キャシュレス・ビジョンで示された方針と施策は、カード業界の課題を網羅した内容ではあるが、簡単に克服できる課題ではないことも事実である。

第 2 部　キャッシュレス社会の実情と課題

## 4　クレジットカードの果たすべきミッション

　日本のキャッシュレス化を主導してきたのはクレジットカードである。
1960年に日本ダイナースクラブが初めてプラスチックカードを発行、翌年に
は日本クレジットビューロー（現JCB）が設立され、まもなく60年を迎える。
半世紀を生き抜いてきたクレジットカードビジネスは、決して平坦な道のり
ではなかった。むしろ激動に翻弄され、そのつど課題に立ち向かい、問題を
解決しつつ、今日の「第三の通貨」としての地位を確たるものにした。

### (1)　53兆9265億円・2億6600万枚市場を眺望する

　クレジットカードの発行枚数推移をみると、飽和状態なのかやや頭打ちの
傾向にある（〈図表10〉）。クレジットカードを持てる年齢は18歳以上で、日
本の18歳以上の人口は約1億450万人である。そのうち、高校生や超高齢者、
無所得等の層を除くと、クレジットカード保有の対象となる人口は縮小傾向
にある。

　人口の逆ピラミッド化が急速に進み、高齢者の占める割合が年々高くなる
という現実は、クレジットカード会員数に大きな影響を与え、さらに深刻化
させることは間違いない。加えて、若年層のクレジットカード離れの傾向が
顕著になっており、クレジットカード会社の大きな課題となっている。

　一方でショッピングに使われたクレジットカード決済額は2016年で

〈図表10〉　日本のクレジットカードの発行枚数推移とショッピング供与額

（単位：万枚）

| | 発行枚数<br>（3月末時点） | 信用供与額 | |
| --- | --- | --- | --- |
| | | 供与額（億円） | 前年比（％） |
| 平成25年（2013） | | 417,915 | － |
| 平成26年（2014） | 26,722 | 462,663 | 10.7 |
| 平成27年（2015） | 25,890 | 498,341 | 7.7 |
| 平成28年（2016） | 26,600 | 539,265 | 8.2 |

出所：日本クレジット協会「日本のクレジット統計　2016年（平成28年）版」16頁・6頁

53兆9265億円となり、2014年から2016年まで毎年約8％前後の増加を遂げており今後も成長が期待されている（〈図表10〉）。

個人消費のバロメータである家計最終消費支出が伸び悩んでいる中で、毎年約8％前後成長の実績は、クレジットカード業界でいわれている「クレジットカード業界は不況に強い」ということを如実に現している。なぜクレジットカード決済が伸びているのか、その背景を挙げてみる。

① 通信系やネット系企業など他業界からのクレジットカードビジネスへの参入が相次ぎ、市場拡大の牽引となった。

② 経済産業省によるとEC市場は2016年で約15.1兆円、2017年では16.5兆円と前年比9％の増加を示しており、その中でクレジットカード決済が約63％（重複回答）を占め[8]、クレジットカード利用（前年比で約20％上昇のカード会社もある）を押し上げている。

③ 自動車税やふるさと納税、また公共料金などでクレジットカード利用（前年比30％～40％上昇のカード会社もある）が伸びている。加えて医療費や家賃など、これまで利用が少なかった分野での利用も広がった。

④ スマホ決済やオートチャージなど新しい決済システムの利用が拡大している。特にCVSなど少額利用などでの利用が拡大、サインレスによる少額利用が増えている。

⑤ 安価な簡易端末、スマートフォン端末の供給や、これまで比較的高い決済手数料を支払っていた中小小売、サービス業への開拓が決済代行会社などにより進められ、利用が広がった。

本来であれば53兆9265億円（2016年）という「現ナマ」が市場に出回り、その処理にどれだけの労力、コストが使われたかを考えると、クレジットカードの経済社会への貢献度は計り知れない。すでにクレジットカードは社会生活・企業活動に欠かせない決済手段になっている。

---

8 経済産業省商務情報政策局情報経済課「平成29年度我が国におけるデータ駆動型社会に係る基盤整備（電子商取引に関する市場調査）」（2018年4月25日公表）

## (2) GDPとクレジット決済

野村総合研究所では「Moody's Analytics社」の研究事例を紹介、「日本におけるキャッシュレス決済比率が1％増加することで、GDPが0.0170％増加、消費支出が0.0281％増加する弾力性があると推計されている」ことから、キャッシュレス決済比率が1％増加するごとに、名目GDPは約930億円増加、消費支出は約840億円増加すると算出している[9]。

クレジットカード決済を含めた販売信用供与額の対GDP比を見ても、2016年で11.7％、2017年では12.3％とGDPの上昇とともにシェアを高めている。中でも販売信用供与額の86.9％を占めるクレジットカード決済額のGDPへの影響が大きいと推測できる。

いずれにしてもクレジットカードの普及拡大がキャッシュレス決済比率40％実現のカギを握っていることは間違いない。

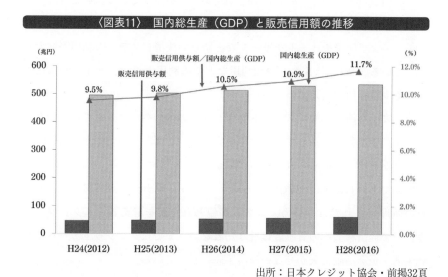

〈図表11〉 国内総生産（GDP）と販売信用額の推移

出所：日本クレジット協会・前掲32頁

---

9 野村総合研究所「我が国におけるFinTech普及に向けた環境整備に関する調査検討調査報告書」（経済産業省平成29年度産業経済研究委託事業、2018年3月）81頁

## ⑶ クレジットカード決済額約98兆3000億円（推定）に向けて

2016年のクレジットカード決済額53兆9265億円をベースに、2027年度のクレジットカード決済額を予想する。2017年度から2020年度の成長率を前年比8％、2021年度から2027年度の成長率を前年比5％と設定すれば、クレジットカード決済額は約98兆3000億円を見込むことができる。その決済額は国内家計消費支出315兆9689億円（2027年推定）の約31.1％になると予測される。

これまで取り組んできたクレジットカード各社の戦略が一定の効果を生んでおり、当面この成長路線に変更はない。各社が強化しようとしている取り組みは以下の5点である。

① 新たな決済インフラに向けた検討

② インターネット決済の強化・充実

③ モバイル非接触決済の強化・拡大

④ 次世代認証・セキュリティ対策の推進

⑤ AI・ビックデータ・CLO（Card Linked Offer）など活用

半世紀を超えるカードビジネスを牽引してきたクレジットカード業界であり、問題点、課題は十分に理解をしている。競合と競争の経験も共通端末・共同ネットワークの構築を通して積み重ね、そのスキルも蓄え、人材も育っているはずだ。ただ再確認したいのは、前のめりになってはならないということだ。

野村総合研究所・前掲（注9）83頁以下では、「小売等店舗におけるキャッシュレス決済対応に係るコスト構造の調査」（519社へのアンケート）によると、次のような調査結果が寄せられ、加盟店手数料以外にもクレジットカード決済の効果に対する理解にも課題があることがうかがえる。

① 約90％の小売・サービス業がキャッシュレス決済（クレジットカード決済導入85％）を導入しているが、カード決済の売上げに占める割合は平均22％で、利用者のキャッシュレス比率は40％に留まっている。

② 導入後の効果に関して、客数は「変わっていない38％」「効果は分からない45％」、客単価では「変わっていない39％」「分からない45％」と

加盟店の評価が分かれている。

③ 未導入（10％）の理由として「決済手数料が高い」。未導入店の望む加盟店手数料１％～1.5％だが、導入店の加盟店手数料は平均3.09％となっている。

確かに小規模の小売・サービス業ではクレジットカード決済シェアが拡大すれば、現金に関連する処理・管理コスト、人件費などの負荷は小さくなるが、加盟店満足度を忘れては画竜点睛を欠くことになる。足元の加盟店満足度を上げなければ持続的なキャッシュレス化は進まない。

## 5　デビットカード決済の復活はなるのか

### ⑴　デビットカードをめぐる状況

現在日本では、Ｊ－デビットとブランドデビットと呼ばれる２種類のデビットカードが存在する。

Ｊ－デビットカードは、都市銀行をはじめ1100を超える金融機関により発行されている。ただしカードにＪ－デビットのマークが記載されてはいないため、日本人の多くはＪ－デビットカードを持っているとの意識は希薄だ。

それはＪ－デビットカードの成り立ち、仕組みに原因がある。簡単にいえば、Ｊ－デビットカードの開始に際して、あらためてＪ－デビットカードを発行せず、既存のキャッシュカードを本人の意思に関係なく、自動的にデビットカードとして利用できるサービスを開始したからである。

そのため日本でのデビットカードは約４億2000万枚と世界でもベスト５位以内に入る発行枚数となっているが、決済額は約8921億円と世界の中で際立って低い[10]。日本のキャシュレル決済比率が低いのは、デビットカードに起因するといっても過言ではなく、決済比率が多いとか少ないといった評価をするレベルにはない。

海外と肩を並べるデビットカード決済比率にならなければ、日本のキャッ

---

10　BIS.CPMI2017

第1章　日本のキャッシュレス事情と課題

シュレス決済比率は伸びないとの声もある。

　ブランドデビットは、クレジットカード国際ブランドのインフラで展開されるカードで、日本での歴史は浅い。しかし2016年にはブランドデビットがＪ－デビットの取引・決済金額を追い越した。その要因がどこにあるのか、それぞれの動向を追ってみよう。

**(2)　今後のＪ－デビットカードの行方は**

　Ｊ－デビットは、どうして普及する前に後退を余儀されることになったのか。すでに多くの専門家が解説をしているが、成り立ちに加え、簡単にその疑問に答えておこう。

①　手持ちのキャッシュカードがデビットカードになることに関して、発行者側が簡単に理解してもらえると安易に考え、十分な説明をしなかった。

②　デビットカードを決済サービスの一環として発行するのか、ショッピング利用を重視したカードビジネスとして発行するのか、発行者側の銀行に明確な姿勢が見られなかった。

③　キャッシュカードの所有方法に敏感な日本人にとって、キャッシュカードを店頭で人に渡し暗証番号を打ってショッピングに利用することに対して強い拒否反応があった。

④　クレジットカード利用者は、２回以下の支払いであれば手数料・金利をとられず、ポイントサービスのメリットも体験しており、何のサービ

〈図表12〉　Ｊ－デビット、ブランドデビットの利用状況

|  | J-Debit | | | ブランドデビットカード | | |
|---|---|---|---|---|---|---|
|  | 決済金額<br>（百万円） | 取引件数<br>（千件） | 平均単価<br>（円） | 取引金額<br>（百万円） | 取引件数<br>（千件） | 平均単価<br>（円） |
| 平成26年度（2014） | 453,640 | 11,111 | 40,828 | 250,745 | 45,064 | 5,564 |
| 平成27年度（2015） | 415,841 | 10,399 | 39,989 | 362,094 | 67,558 | 5,360 |
| 平成28年度（2016） | 406,193 | 9,901 | 41,025 | 485,990 | 97,664 | 4,976 |

出所：日本クレジット協会・前掲37頁

**63**

ス特典のないデビットカードに魅力を感じなかった。

⑤　デイリー分野では、サインレスクレジット、電子マネー、プリペイド
カードなど競合相手が魅力的な特典サービスを提供、それに対抗する有
効な対策が打てなかった。

⑥　加盟店が偏り、絶対数も足りなく、「利用できるところが少ない」と
いう不満を解消できなかった。「利用者が少ない」、「加盟店が少ない」
という負のサイクルからの脱皮できずにいた。

　要は、消費者と加盟店それに発行者の間で WIN-WIN-WIN の関係が、一
部の業種を除いて築けなかったということである。

　その対策として欧米で普及しているキャッシュアウトサービスを2018年4
月から開始した。キャッシュアウトサービスとは、店舗の POS レジが ATM
代わりになり、デビットカードで買い物をした際に、代金支払いのほかに必
要な現金を受け取ることができるサービスで、客には原則手数料が発生す
る。

〈図13〉　キャッシュアウトサービスのイメージ

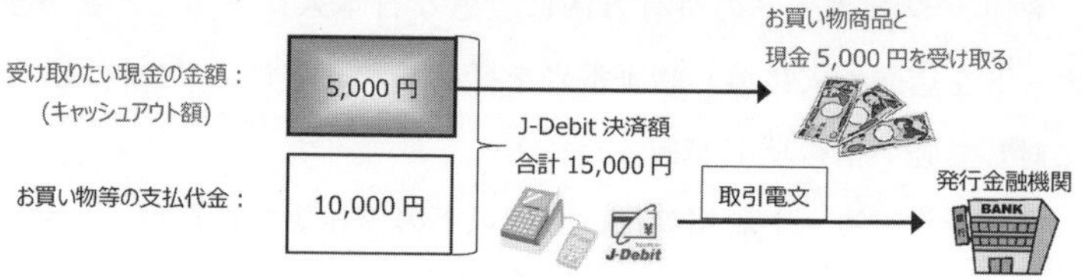

出所：日本デビットカード推進協議会2017年4月6日ニュースリリース資料

　キャッシュアウトは、キャッシュレス化からみれば逆行するサービスではな
いかと疑問も残るが、デビットカードの利用促進を当面優先するためには仕
方がないのかも知れない。

### (3)　ブランドデビットカードは復活の救世主になれるか

　ブランドデビットカードに注目が集まっているが、日本ではまだまだ秒針
が動いたレベルである。発行枚数も507万枚に達するなど急成長の兆しを見
せているが、クレジットカードに比肩するには課題も山積している。

第1章　日本のキャッシュレス事情と課題

〈図表14〉ブランドデビットカードの発行枚数残高

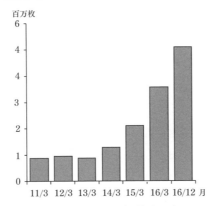

出所：日本銀行「(決済システムレポート別冊) 最近のデビットカードの動向について」9頁（2017年5月）

　今後、ブランドデビットが日本で普及していくためにはどのような課題を乗り超えなくてはならないのか、考えの一端を列挙する。

① これまでも「現金より便利、現金よりお得、現金より安心」とPRしてきている。「そんなことは十分に承知している。それでも現金で支払うほうが安心できる」。一見矛盾した非合理な声に答えなければハードルは越えられない。

② 店頭のハンドリングで電子マネー・プリペイドカードやクレジットカード（上限金額を設定）はサインレスを採用している。ブランドデビットカードの場合はサイン・暗証コードが必須条件となっており、デイリーな生活カードを目指すならサインレスは欠かせない。

③ 金利なし最大60日以内の支払猶予のあるクレジットカードとの棲み分けをどうするのか。メインカードとして展開するのか、クレジットカード拒否層や資格外の消費者を優先的に対応するのか戦略の確立が必要である。

④ ブランドデビットカードのビジネス

65

第2部　キャッシュレス社会の実情と課題

モデルに内在する課題をいかに解決するのか。複雑な背景は別にして、ブランドデビットカードは既存のクレジットカードネットワークを使って運用されており、広い意味でクレジットカード運用に制約されていることだ。具体的に言えば、下記のような制約がある。

・インターチェンジフィ（カード発行会社に支払う手数料）などを含め、クレジットカードと同様なネットワーク関連コストが発生している。

・代金支払サイト、返金処理の遅れ（代金は即座に口座から引き落とされるが、返金は即座には戻らない）などの不満がある。

・オンラインの加盟店とオフラインの加盟店が混在するためオーソリ（信用照会）のタイムラグによる未回収リスクが残る。

さらに非接触ICカードに関する国際ブランドの動向が気になる。EMV仕様の非接触IC化（contactless）に従い、POS端末への搭載が義務化（Visa：2023年完了、Mastercard：同）され、ICカードへの搭載（Visa：2018年10月13日以降、Master：2019年4月以降）も義務化される。日本ではFeliCa等との調整もあり義務から除外されているが、今後の動向を注視すべきである。

## 6　電子マネー・プリペイドカード20兆円市場の行方

### ⑴　前払式支払手段の現状

電子マネー・プリペイドカードなどを総称して「前払式支払手段」と法律的（資金決済に関する法律（資金決済法））には呼ばれている。金融庁によると2016年の前払式支払手段の発行高は23兆7199億円、回収高は約23兆6629億円となっている（〈図表15〉）。

平成21年度から平成22年度にかけて急速に発行額、回収額が伸びているのは、この期間に前払式証票の規制等に関する法律が資金決済法に全面的に改正され、特に「サーバ型前払式支払手段」が新たに同法の規制対象になったことが主な要因である。

### ⑵　20兆円市場を読み取る

電子マネー・プリペイド決済の特徴は、発行（チャージ等）と回収（利用等）

66

第 1 章　日本のキャッシュレス事情と課題

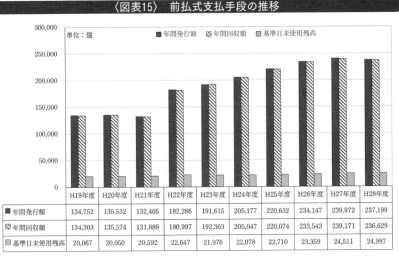

〈図表15〉　前払式支払手段の推移

資料提供：金融庁

出所：日本資金決済業協会「前払式支払手段の発行額および発行者の推移」（2017年 9 月）

でそれぞれ決済が行われ未使用残高が発生すること、加えて発行高と回収高（利用・有効期限切れ）の差がほとんどないことである。算出にあたって本章では、下記の点を前提にした。

① 　発行額をベースにしても、統計上大きな支障を来さないと判断して算出。
② 　実態を把握するために、金融庁のデータによる〈図表15〉とあわせて日本資金決済業協会が毎年発表する「発行事業実態調査統計」を採用。「発行事業実態調査統計」は金融庁登録事業者（1862社）に向けたアンケート調査報告書で、2016年度における金融庁の発行額約23兆7199億円に対して、同協会統計値では約20兆6800億円とされ、金融庁データの87％を補足していることから、電子マネー・プリペイド決済市場の実態に近いものは他には存在しないとの判断から算出の根拠データとした。
③ 　資金決済法の対象となる「前払式支払手段」は〈図表16〉に示されたとおり幅広く、「紙型の商品券」群は、商品性としての価値は認められるが、先進性や新産業の観点からは違和感もあり対象から外すことにし

67

第 2 部　キャッシュレス社会の実情と課題

## 〈図表16〉　支払手段一覧表

| 支払手段一覧 | | | カテゴリー | 各支払手段の具体的な例 |
|---|---|---|---|---|
| 前払式支払手段 | 1 | 紙型の商品券 | 百貨店、スーパー等が発行している商品券 | 全国百貨店共通商品券等 |
| | | | クレジットカード会社等が発行しているギフト券 | VISA ギフトカード、JCB ギフトカード等 |
| | | | 地域商店街等が発行する商品券 | 商品券 |
| | | | 特定のサービス等に利用できる商品券 | 旅行券等 |
| | | | 特定の物と交換できる引換券や回数券 | ビール券、コーヒー券、たまご券、アイスクリーム券等 |
| | | | カタログ商品と交換できるギフト券 | カタログギフト券 |
| | 2 | 磁気型カード | 利用できる店舗が多いプリペイドカード | クオカード等 |
| | | | 特定のサービス等に利用できるプリペイドカード | テレホンカード、図書カード、ガソリンスタンドやゴルフ場で利用できるプリペイドカード |
| | 3 | IC 型プリペイドカード | 交通系の IC カード | Suica（スイカ）、PASMO（パスモ）、TOICA（トイカ）、manaca（マナカ）、ICOCA（イコカ）、SUGOCA（スゴカ）、nimoca（ニモカ）、Kitaca（キタカ）等 |
| | | | 流通系 IC カード | 楽天 Edy、nanaco（ナナコ）、WAON（ワオン）等 |
| | | | パチンコの IC カード | パチンコの IC カード |
| | 4 | モバイル | スマートフォン等をかざして利用できる電子マネー | WebMoney（ウェブマネー）、BitCash（ビットキャッシュ）、ちょコム、Vプリカ、iTunes カード、Google Play ギフトカード、楽天キャッシュ、Yahoo! マネー、楽天バーチャルプリペイドカード等 |

68

| 店舗とインテーネット上のどちらでも利用できる汎用性のある電子マネー | au WALLET、LINE Pay カード、おさいふ Ponta（ポンタ）、ココカラクラブカード、ソフトバンクカード等 |
|---|---|
| スーパー等の特定の店舗で利用できる電子マネー | スターバックスカード、タリーズカード、ドトールバリューカード、アークス RARA プリカ、にこか、CoGCa（コジカ）、エフカ、ユニカード、ゆめか、miyoca（ミヨカ）、TOMACA、BIMO（ビーモ）、Ｔマネー |
| 主に贈答用に利用するカード型ギフトカード | 百貨店ギフトカード、トイザらスギフトカード、スターバックスギフトカード等 |
| 主に贈答用に利用する e-mail で送れるギフトカード | Amazon ギフト券、iTunes カード、Google Play ギフトカード等 |
| インターネット上のゲームに利用できる電子マネー | ニンテンドープリペイドカード、モンハンコイン等 |

出所：日本資金決済協会「前払式支払手段の利用実態調査2017年結果報告書」5 頁

た。

④ パチンコ IC カードや IC 乗車券（交通系電子マネーの乗車料金）に関しては、分母の国内家計消費支出の項目にあり除外していない（キャッシュレス・ビジョンでは分子から除外している）。

前掲で示した電子マネー・プリペイド決済額20兆458億円は、以上を前提に同統計の磁気型、IC 型、サーバ型の2016年の合計発行高20兆458億円を採用した。

ちなみにパチンコ IC カードの発行額は2016年で約 9 兆1000億円と推定され、その額を除いた電子マネー・プリペイド決済額は約10兆9000億円、2014年約 9 兆1500億円、2015年10兆3000億円と毎年堅調に伸びてきている。大きなシュアを占めていたパチンコカードは年々減少していく傾向にある。

### ⑶ 電子マネー・プリペイドカードの栄枯盛衰から学ぶ

1982年に公衆電話専用のテレホンカードが登場してから37年の月日が流

第2部　キャッシュレス社会の実情と課題

れ、プリペイドカード、電子マネー、ネットマネー、お財布ケイタイと種類の増加とともに「前払式支払手段」市場は拡大を続けてきた。

これまでの電子マネー・プリペイドカードの変遷を振り返ると第1期～第3期に分けることができるが、その道は決して平坦ではなく、さまざまな課題に直面し事業の撤退や併合などを繰り返し今日に至っている（〈図表17〉）。

これらの推移を通して得た経験の一部を紹介する。

① 　ハウス型プリペイドと比較して汎用電子マネー・プリペイドのビジネス展開の難しさ。先行投資・インフラ整備に費用がかさみ赤字が解消できない。収益項目・収益性などが不確実で儲からない。会員組織や加盟店、販売チャネルなど独自の基盤のないままの事業展開には限界がある。

② 　交通や通信（ネット含む）、流通など本業を持つ企業のハウス型電子マ

**〈図表17〉　電子マネー・プリペイドカードの変遷**

第一期　磁気（PET）プリペイドカード時代
　　　　1）　テレカ、オレンジカード（イオカード）他
　　　　2）　汎用型・第三者事業者
　　　　3）　汎用型プリペイドカードビジネスに全産業が参入
　　　　4）　事業撤退相次ぐ

> プリペイドカード事業スタート
> ・ハウス型、共同型が先行
> ・多くのプリペイド事業は撤退、統合、再編（インフラ型は拡大）

第二期　接触型 IC 電子マネー時代
　　　　1）　欧州型電子マネー（財布）モンデックス、プロトン他
　　　　2）　EMV 電子マー（VISA キャッシュ他）
　　　　3）　EC マネー（インターネット取引）
　　　　4）　本格普及には至らず

> 接触型 IC カード（EMV）のキラーアプリとして、欧州よりモンデックス（電子財布）の紹介
> 日本でも各地で実証実験開始

第三期　非接触型 IC 電子マネー時代
　　　　1）　日本型（FeliCa）電子マネーの普及
　　　　2）　EMV 非接触 IC（タイプ A/B）決済
　　　　3）　EC マネー・ギフトの拡大
　　　　オンラインプリペイド決済の台頭
　　　　1）　ハウス型プリペイド
　　　　2）　ブランドプリペイド
　　　　3）　スマートフォン決済（NFC・QR コード決済等）

> 日本型電子マネーの事業スタート
> ・本業の一環として電子マネービジネスがスタート
> ・汎用電子マネービジネスの展開

> 今後のプリペイド・電子マネービジネスに関して
> ・新たなビジネスモデルの創出
> ・キャシュレス化の促進

出所：筆者作成

ネー・プリペイドカードの展開は失敗する例が少ない。本業との共通イ
ンフラ、連携ビジネスにより投資コストが抑えられ、本業インフラのコ
スト削減（例：IC型自動改札機など）にもつながり、そこから他社との
提携網を拡げ、汎用型ビジネスへの参入が実現している。

③　今日まで汎用プリペイドカードビジネスを継続しているクオカード
は、現在黒字経営で業績を上げているが、第三者割当、資本の減資とい
う厳しい事態を経験し、親会社の支援を受けて立ち直している。

　　360億円という資本を投入したEdy（現楽天Edy）も、創業以来7年間
一度も黒字計上はできず、2007年までの累積赤字300億円以上を計上し
た。やはり第三者割当、減資を実施し、最終的に楽天に身請けされるこ
とになった。楽天Edyになってからは黒字経営を達成している。

過去の経験に縛られては、やがて押し寄せてくる第四次産業革命後に生き
残ることはできない。同時にAIやテクノロジーを過信してはならないと警
鐘を鳴らす知識人も多い。歴史を学び歴史から新たな座標軸を探すことは、
縛られるのではなく、歴史からの解放を意味するものと筆者は考えている。

わずか36年の電子マネー・プリペイドカードの歴史で学べることは砂粒ほ
どの素材かも知れないが、決済ビジネス・カードビジネス参入を検討する企
業にとっては、生きた教科書になるはずである。

### ⑷　市場拡大のキーワードとは

電子マネー・プリペイドカード市場はどこまで決済シュアを伸ばせるの
か。考えられるシナリオの要点を簡単に整理する。

①　ハウス型電子マネーの一体化

　　交通系、流通系、通信系（ネット系）電子マネーが群雄割拠して市場
を形成しているが、何枚もカードを消費者に持たせる時代は続かない。
スマホに格納するサービスはスタートしているが、カードの1枚化、価
値の一元化には敵わない。電子マネーを企業マネーとして使う時代から
業界横断型電子マネー時代への検討が期待される。

②　ブランドプリペイドカードの電子マネー化

日本では磁気カードが主流であるが、海外では非接触ICカードが登場している。電子マネーと同様にサインレス＆タッチに慣れた日本では、非接触ICカード化やスマホなどモバイル活用の普及が解決の鍵になる。同時に収益性の確保が継続的に課題になる。

③　電子ギフトカードによる収益型商品の開発

電子マネー・プリペイドカードは決済手段であると同時にギフト商品性も備えている。現在は磁気媒体がコスト面で採用されているが、媒体を発行しないネット型のIDギフトも市場を伸ばしている。電子マネーインフラを活用した新たなプリペイド型電子ギフト（例：AIを活用したONEtoONEギフト等）などで収益性の高いビジネスモデルを築く。すでにアマゾンギフト券は支払手段として、また贈答用にときめ細かいサービスを展開している。

当面は交通系および流通系電子マネー、サーバ型プリペイドの3形態が市場を牽引していくと思われるが、今後、給与デジタルマネー解禁によるペイロール（給与支払い）の拡大と、スマホ活用のブランドプリペイドの普及が、カギになると筆者はみている。

論点は違うが考えて置くべき点として、チャージおよび購入する時点での決済手段の約60％以上が現金であることだ。この時点での現金決済をオートチャージなどにより減少させなくては、本格的なキャッシュレ時代とは言えないことも付け加えておく。

## 7　キャッシュレスをめぐる新たな動向

### ⑴　日本でのQRコード決済の動き

QRコード決済は日本で普及するのか、少なくとも筆者は中国と同様な普及経緯をたどるとは考えていない。ただしまったく市場性、潜在需要がないのかと問われれば、この答もノーである。

インバウンドの対策は別にして、日本人が日本市場で利用する決済手段として、どのように成長していくのか、その可能性に着目するとともに踏み込

んだ検証が求められる。

中国で拡大する Alipay など世界の事例は、第 2 部 4 章や第 3 部で詳しく紹介されているので説明は省くが、戦略的視点で見れば日本が見倣うべき「設計思想」は存在する、それが三つ目の答えである。

(A) QR コードの種類と基本スキーム

QR コード決済とは、スマートフォンを持っていれば誰でも決済ができるモバイルペイメントの一つであり、専用のアプリをダウンロードするだけで利用が可能になる。現在世界で普及している方式は、①顧客が店頭でアプリを起動、顧客がアプリで表示した QR コードを、店員がスキャンして登録してある決済手段で代金を引き落とす方式と、②顧客がアプリを起動、店の QR コードをスキャン、金額を手入力して決済する 2 通りのパターンがある。

〈図表18〉 2 種類の QR コード決済

①お店読取方式

②顧客読取方式

前者①の場合は、店頭に POS 端末と連動したスキャナーが必要で、POS 側のソフト改修が前提となる。中国やインドなどで普及しているのは、後者②の方式で、店舗専用の端末機や通信回線も不要で、紙に印刷した QR コードさえ店頭に表示しておけば導入が可能で、通信インフラなどが未整備の国に向いた決済サービスである。

また QR コード決済のビジネススキームは、決済口座直結型スキームとプリペイド口座決済型の二つがある。

決済口座直結型スキームは、クレジットカード（銀行口座）や銀行口座から決済額を直接引き落とす方式が一般的で、プリペイド口座決済型では銀行口座と連動したプリペイド口座が設けられ、その口座より決済額を引き落と

す方式である。後者の場合は、あらかじめプリペイド口座に資金を入金しておかなければならない。

　(B)　日本での動向と企業の取り組み

　これまでQRコード決済に参入している日本の企業は、主に銀行系と非銀行系（ノンバンク系）に分けられる。

　銀行系に関しては、横浜銀行がGMOPG（ペイメントゲートウェイ）との協業により、スマホ決済である「はまPay」を開始している。「はまPay」はGMOPGが金融機関向けに提供している基幹システム「銀行Pay」のOEM仕様で、すでに福岡銀行が導入、さらに熊本銀行やりそな銀行、2019年にはゆうちょ銀行も参加を表明している。

　これら金融機関の狙いは国際ブランドを経由しない決済ビジネスを確立して、国際ブランドへのインターチェンジフィなどの支払いを削減、トランザクション収益ビジネスを確立することにある。

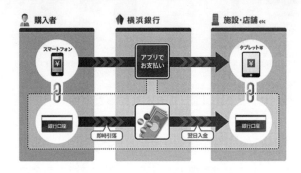

〈図表19〉　はまpayの基本スキーム

出所：GMOペイメントゲートウェイ株式会社プレスリリース
〈https://corp.gmo-pg.com/newsroom/press/gmo-paymentgateway/2016/1005.html〉

　その他のQRコード決済参入の企業を一部紹介すると、
- OrigamiPay（提供：株式会社Origami、加盟店：約2万店、手数料：〜3.25％）
　店舗がアプリやWeb画面から決済額を有効にしたQRコードを表示、あらかじめユーザーがアプリをインストールしたスマホで読み取り決済。

第1章　日本のキャッシュレス事情と課題

●楽天ペイ（提供：楽天株式会社、加盟店：約7万店、手数料：3.24％～）

　楽天の会員IDを利用、楽天以外のバーチャルおよびリアル店舗でも利用できる決済サービス。「QRペイ」「バーコード」「セルフペイ」の3種類に対応。

● LINEPay（提供：LINE株式会社、加盟店：9万店　手数料：3.45％～3年間手数料無料）

　LINEアプリに複合サービスポータルとしてLINEウォレットを構築。決済・ポイントを起点に経済圏の拡大。プリペイド・資金移動の2段階で展開。

● d払い（提供：株式会社NTTドコモ、加盟店：2018年10万店目標）

　d払い加盟店での決済と携帯電話料金合算払い、クレジットカード払いに対応、「dポイント」連携で送客、集客に力を入れる。

　さらにソフトバンクとヤフーの合弁会社であるPayPay（ペイペイ）は2018年秋に、バーコードやQRコードを使って決済ができる新たなスマホ決済サービス「PayPay」をスタートした。

　またアマゾンジャパンも「アマゾンペイ」をリアル店舗でも使えるQRコード決済に参入、実証実験を通して本格展開に進む予定だ。

　各社のQRコード決済参入の狙いは必ずしも同一ではないが、自社プラットフォームを基盤に、QRコード決済のメリットを活かすという戦略は同質である。

　Apple Payやおサイフケータイのように機種に依存したり、搭載しているフェリカ（FeliCa）を決済に限り他の機種に開放しなかったりすることなく、アプリをダウンロードすればほとんどの機種が利用できるようにしている。

　また専用端末を必要としないため、加盟店側の導入コストや手数料を低廉化できるなど導入の際のハードルを下げている。さらに会員ID等に紐づけた決済やポイントサービスで得られる情報をOENtoONEマーケティングに活用するなど、決済にとらわれない付加価値サービスの連携で経済圏、生活圏の領域を広げることで、新たなビジネスを創生したいとする狙いがある。

75

第2部　キャッシュレス社会の実情と課題

　群雄割拠するQRコード決済そんな風景が現実のものになりつつある。揺籃期の特徴と言ってしまえばそれまでだが、参入各社のなりふり構わない陣取り合戦が、本当に日本のキャシュレス化を意味あるものに導けるのか、しっかりした検証が必要である。

　これまで中小加盟店拡大のハードルとなっていた加盟店手数料の無料化や利用者に高率なポイント還元を提供することで、利用者を増やし利用頻度を上げるといったハードな展開に踏み切ったQRコード決済企業も見受けられるが、この先を考えたときに疑問も残る。

　加盟店手数料相当分は必要経費とするこれら参入企業は、モノやサービスを新形態で提供するプラットフォームカンパニーで、従来の企業価値では判断できない強さや特性を持っていることも事実である。

　訪日外国人の対応策は別にして、日本でQRコード決済が普及する必然性があるのか。既存の決済手段にはないソリューションが期待できるのか。またQRコード決済は単なる決済手段の一つと見るべきなのか、それともキャッシュレス社会の新たな立役者となる存在なのか、またその先に何があるのか。

　これらの疑問解決のヒントは第3部で展開される「デジタル視点で考えるキャッシュレス社会の未来」で語られているので、本章ではQRコード決済の当面の課題についてふれてみたい。

## ⑵　QRコード決済の日本での課題

　QRコード決済に関して、決済インフラ、消費者心理、事業性から普及の課題を取り上げてみる。

### ⒜　決済インフラから

　日本では、キャッシュカードやクレジットカードの日本独自仕様（JIS Ⅱ）と国際仕様（JIS Ⅰ）が異なっていたため、ダブルスタンダードを維持するコストや負荷など多くの課題に直面した。

　現在も日本独自のフェリカ（FeliCa）仕様と、VISAなど国際ブランドが採用する国際規格（タイプA／B）が混在する非接触ICカード決済市場があり、

そこに複数の QR コード仕様の決済が新たに投入されれば、店頭はもちろん消費者にも混乱を招くことが予想される。決済インフラの規格がばらばらな状況は絶対に避けなくてはならない。

すでに中国の Alipay を受け入れている日本国内の加盟店は、大型店から中小零細店まで約 4 万店に及ぶが、日本と中国の明確なルールは存在せず、日本側の規格検討が進んでおらず、このままでは中国方式が標準仕様になる可能性もあると指摘する専門家もいる。

日本での QR コード決済に関する規格関連の最近の動きをみると、次のような共通化、標準化に向けた検討がスタートしたようであるが、総論賛成・各論反対といった過去を繰り返すことだけは避けたい。

① 2017年に EMVCo はモバイル決済実現に向けて QR コードの新たな仕様を公開、中国銀聯の QR コードを標準規格として、統一マークも決定した。

ちなみに EMVCo とは国際ブランドが運営する国際規格決定機関。

② 三菱 UFJ 銀行、三井住友銀行、みずほ銀行のメガバンクが連携して QR コード決済規格の統一およびシステム開発の検討に入ったと報道された（詳細は発表されていない）。

③ キャッシュレス・ビジョンの「キャッシュレス支払に関する技術的仕様や支払データの標準化等」に対応して、新たに設立されたキャッシュレス推進協議会で QR コード決済に関する標準化の検討が開始された。

　(B)　消費者心理から

モバイル決済は、日本においてもおサイフケータイ（フェリカ方式電子マネー）として登場したが、電子マネーカードの発行枚数・利用頻度と比較して、コアな層（オートチャージ利用層）を除き利用率が高まっているとはいえない。

この傾向は QR スマホ決済にも通じる課題である。消費者が求めるのは常に「便利であること、安心であること、お得であること、面倒でないこと」である。電子マネーカードのチャージという動作については我慢できるが、

第2部　キャッシュレス社会の実情と課題

それ以上の動作が加われば面倒と多くの消費者は感じているようだ。

QRコード決済はどうか。決済の都度にスマホを起動し金額を入力することを、「かざすだけで決済」できる電子マネーカードに慣れてきた日本人がどこまで親しむことができるのか。少なくとも決済操作だけを切り出して、おサイフケータイ（オートチャージ機能）の普及動向をあわせて考えると、そのハードルは低くない。

ただしスマホQRコード決済（消費者）と多様な情報のつながりを通じて、これまでにない「人と決済」の新しい関係、付加価値を享受できるのであれば、利用価値を消費者自身が評価する風景も見えてくる。キャッシュレスはあくまで手段とする理解である。

### (C)　事業性から

日本の電子マネー決済ビジネスの歴史から考えると、QRコード決済をマネタイズの柱にすることはハードルが高い。Suica、PASMO、nanaco、WAONなどの電子マネーは、本業があって初めて成立している決済ビジネスで、もし本業がなければマネタイズの確保は難しかった。

同様にQRコード決済をマネタイズの柱にするスキームは考えにくく、プラットフォームを提供する企業群が、決済から得るさまざまな情報を収集し、AIなどを活用した新ビジネスを創出するデータカンパニーとして展開できるかが問われる。

しばらくはQRコード決済事業へ大手流通小売業など多数の企業が参入する揺籃期を経過すると思われるが、従来の決済ビジネスと違い参入のハードルが比較的低いため、粗製乱造の心配もある。またセキュリティに対する評価もバラバラである。

消費者の信用や支持を失った事業者は、否応なく市場から撤退するのが経済原則と割り切ることは簡単だが、そのような事態が発生したときに消費者をどのような制度で保護をするのか、仮想通貨ではないが、事業参入に際して事業者に何らかの規制・義務を課すべきではないか。事業者側も参入規制や義務・責任などが事前に把握できれば、コンプライアンスや事業の見通し

といった面からも事業計画が立てやすくなるはずだ。

　他者に遅れまいとする意識が優勢して、自社に向けた分析・評価を怠ったまま新規事業に参入して、撤退を余儀なくされた歴史を繰り返すことなく、QRコード決済ビジネスへの足掛かりを冷静に判断すべきであろう。

## 8　キャッシュレス社会の理解に向けて

　金融庁金融審議会（2018年11月）は、キャッシュレス決済を正しく把握するためには、銀行口座振替・振込を考慮する必要があり、個人口座等の出金状況（3大メガバンク）からキャッシュレス化は50％を超えると発表した。この中から不動産等のローンや個人間送金などを除き、前掲のキャッシュレス・ビジョンや金融調査研究会報告を加味して算出すると、狭義のキャッシュレス比率は約40％前後と想定される。

　この狭義のキャッシュレス決済の検討とともに、法人間決済を視野とする広義のキャッシュレス決済を把握しなければ世界最先端を唱える景色は見えてこない。

　また諸外国との比較を公表するなら、各国の決済事情と日本の決済事情を十分に考慮しなければならない。同じマラソンでも、数千メートルの高地と平地でのマラソンの記録は違って当たり前であり、その記録を同一線上で見ることはできない。キャッシュレス決済比率も同様である。

　キャッシュレス化の最終章は、日本銀行による中央銀行版デジタル通貨（中銀版デジタル通貨）に向けた取り組みであろう。慶応義塾大学の白井さゆり氏は、中銀デジタル通貨の特徴として、①一般向け当座預金型、②一般向けプリペイドカードなど、③一般向け仮想通貨、④金融機関向け仮想通貨の四つを挙げ、それぞれの仕組みと課題に触れつつ「日銀は迅速に革新的技術の動向を把握し、利便性・効率性の高いサービスの提供を意識して、必要に応じて金融庁や民間企業と連携して共同実験・実証を進めるべきだろう」と

第2部　キャッシュレス社会の実情と課題

中銀デジタル通貨に向けた提言をしている[11]。

　現金先進国が世界先端のキャッシュレス国家に生まれ変わろうとするなら、「決済手段の進展」から「通貨の進化」というパラダイムシフトを国民が共有できなければ砂上の楼閣にもなりかねない。

　ただ懸念されるのは、クレジットカードとデビットカードなどを管轄する省庁が、それぞれ経済産業省と金融庁の縦割りになり、キャッシュレス全体を俯瞰した統合的な政策が実施されていないことだ。

　また利潤の最大化を目的とした金融資本主義の横行も気になる。行き過ぎた金融資本主義と、キャッシュレス社会はどのように対峙できるのか、またしようとするのか。少なくとも「キャッシュレス難民」を生むような展開は避けなければならない。

　キャッシュレス化を単に技術的問題、経済的問題に矮小化するのではなく、世界のあり方、国のあり方、そして人類の幸福のあり方に直結する課題として、とらえていくことが、キャッシュレス社会を理解する本質ではないかと提起しておきたい。

〔第2部第1章　中村敬一〕

---

11　2018年7月4日付け日本経済新聞〔経済教室〕。

第2章　キャッシュレス時代のセキュリティ

# 第2章

# キャッシュレス時代のセキュリティ

## 1　セキュリティの重要性と対策の歴史

### ⑴　セキュリティの意味と重要性

　セキュリティ（Security）とは、安全、保安、防衛、防御、治安、安全保障、警備などの意味を持つ英単語である。キャッシュレス取引では、安全、防御の意味で使われる。この章では、クレジットカード（以下、単に「カード」ともいう）を中心として、キャッシュレス取引のセキュリティへの取り組み、すなわちカード利用における安全対策の仕組みを紹介する。

　キャッシュレス取引では、現金に代わる「媒体」を使って取引が行われる。

　現金を取り扱う場合は、その重要性が認識されているので、銀行に預けたり、ホームセキュリティの契約をしたり、持ち歩くときも注意深く扱っている。キャッシュレス取引の場合も、現金と同じように扱う必要があるが、その媒体は、カードやスマートフォン、ICチップなどであり、その実質は、「情報」である。

　したがって、この情報を紙幣や貨幣のように、①自分のものとして保有する、②盗まれないようにする、③決済手段として確実に利用できるようにする工夫が求められる。つまり、「情報」のセキュリティを図ることが必要なのである。そのためには、キャッシュレス取引を主導する事業者だけでなく、通信インフラ事業者をはじめとする関連事業者および販売店、利用者も

81

含めたセキュリティ対策が重要である。

### (2) カードのセキュリティ対策の歴史

#### (A) 最初のカードは紙製

カード取引を例として、現金に代わる媒体をどのように安全に管理し、利用者の保護と不正な利用を防いできたか、その工夫の歴史を振り返ってみよう。

1950年代にアメリカでクレジットカードが百貨店や銀行、ダイナースクラブなどから発行された当時は、紙製であった。また、金属製の時期もあった。紙や金属の表面には、顧客のアカウント番号（現在の会員番号に相当）と名前・住所・有効期限などが記載してあった。クレジットカードは、カード発行会社が信用販売での購入を認めた顧客であることを証明するものであり、カード会社から貸与されたものであった。販売店は、カードとサインで本人確認してから商品を渡し、カード会社は、商品の代金をアカウント番号ごとに集計して、小切手で代金の支払いを受けていた。

当時は、コンピュータ技術が民間では利用されておらず、カードの利用限度額を即時に管理することはできなかった。したがって、カードの有効期間を短期間にして、利用限度の管理や紛失・盗難リスクに対応していた。

しかし、カードが普及し、印刷技術が向上すると、紙製であるため、簡単に偽造できるという問題があった。

〈図表1〉 紙製のクレジットカード

出所：櫻井澄夫氏所蔵

第2章 キャッシュレス時代のセキュリティ

(B) プラスチックカードの登場

そこで、当時一般には入手が困難で、印刷にも特殊な技術が必要なプラスチックカードがクレジットカードに利用されるようになった。これが、現在のクレジットカードの原型である。その大きさは、ISO/IEC7810として身分証の国際規格 ID-1 として定められている。

〈図表2〉 カードの大きさの規格 ISO/IEC7810

| 規格 | 規格サイズ | 主な用途 |
|---|---|---|
| ID-1 | 85.60×53.98mm | クレジットカード等の Payment Card、ID Card |
| ID-2 | 105×74mm（A7判） | フランスの ID カード |
| ID-3 | 125×88mm（B7判） | パスポート |
| ID-000 | 25×15mm | SIM カード |

また、当初会員番号は発行する銀行や百貨店などにより、独自の番号が採用されており、桁数もさまざまであった。しかし、アメリカのカード発行組織が国内外の銀行にカード発行権を認めていく中で、番号体系も徐々に統一されるようになり、やがて、国際規格 ISO/IEC7812として会員番号体系に統一規格が導入された。カード番号は、現在16桁が主流であるが、最初の6桁が発行者識別番号であり、これだけでどこの銀行・金融会社が発行したカードかわかる。次に続く番号が会員のアカウント番号であり、最後の数字が、会員番号の正しさを検証するための「チェックデジット」となっている。

さらには、プラスチックカードでは、カード独自のデザイン等の印刷技術に加え、会員番号を ISO/IEC7811に基づき、一定のルールに基づいてエンボス（表面の凸凹）加工をすることで、カードの偽造を防ぐ仕組みが採用され

〈図表3〉 カード関係のその他の国際規格

| 主な国際規格 | 規格の内容 |
|---|---|
| ISO/IEC7811 | ID-1型のエンボス文字と磁気データフォーマット |
| ISO/IEC7812 | 磁気国際クレジットカードの番号体系 |
| ISO/IEC7813 | 銀行キャッシュカードの厚みと角の丸みの半径 |

83

〈図表4〉 インプリンターの例

出所：筆者撮影

た。このエンボスされた会員番号は、クレジットカードを「インプリンター」という器具に専用の売上伝票を挟み、ローラーで圧力をかけると会員番号と有効期間、氏名が売上伝票に印字されることから、真正なカードが利用されたことがわかる仕組みとして採用されている。

このようなカード本体の真正さのチェックのほかに、適正な利用であること（カードの有効性、利用限度額超過の有無等の確認）を電話でカード発行者に確認する仕組み（これを「オーソリゼーション（販売承認）」という）が採用されていた。しかし、電話で毎回販売承認を受けるのは、加盟店にとって煩瑣なため、利用額が一定額以下（これを「フロアリミット」という）のものは、販売承認の手続が省略されていた。

したがって、フロアリミット金額以下の利用では、拾ったり、盗んだりしたクレジットカードで、買い物に不正使用されることが発生した。加盟店では、カードの裏面になされた本人のサインと売上伝票に面前で署名された筆跡を照合し、本人確認をする仕組みであったが、我が国にはサインの習慣がなく、照合技術が確立していなかったため、他人でも、カード裏面の署名を真似ることで、不正使用できる問題点があった。

(C) 磁気カードの登場

1970年前後から、銀行がオンライン化に踏み切る。これに続き、クレジットカード業界も1970年代後半からオンライン化に取り組み、大型コンピュータを導入して、集計業務と顧客管理・請求業務を電算処理するようになる。銀行のキャッシュカードは、すでに磁気化が進んでおり、磁気ストライプがカードの表面に貼られて、現金自動引出機でカードのみで預金の引出しができるようになった。それまでは、銀行預金は、銀行窓口で通帳と届け出印を押した払戻伝票で預金を引き出し、クレジットカードのキャッシングは、クレジット会社や銀行の窓口にカードとキャッシングブックを提示して、貸付

けを受けていた。

　クレジットカードも、初期は銀行カード同様、カード表面に磁気ストライプが張られていた（〈図表5〉参照）。磁気式のクレジットカードによって、各クレジット会社が開発した自動貸付機を利用したカード会社からの資金の借入れ（キャッシング）が可能になった。さらに、磁気カードの仕様が同じため、1993年以降は、銀行ATMが信販系カード会社にも開放されて、会員はあたかもキャッシュカードで、銀行にある自分の口座から預金を引き出すように、クレジットカードをATMに挿入し、暗証番号と必要資金額を入力して、カード会社の銀行口座から、資金を引き出して、借りることができるようになった。

〈図表5〉　磁気ストライプが表面にある初期のカード

出所：筆者撮影

　1980年代になると、カード会社は海外でも利用できる国際ブランドのマークの付いたクレジットカードの発行に踏み切る。クレジットカードの国際規格では、磁気ストライプを裏面に貼る規定になっていたので、国際カードを発行しているカード会社は、これに従って、裏面にも磁気ストライプを張ったカードを発行するようになった。したがって、クレジットカードの表面に国内用、裏面に海外用と両面に磁気ストライプを張ることになる（現在カードの表面には磁気テープの上から、カードと同色が塗装されているので、気づかないが、表面の上部をよく見るとその痕跡を見ることができる）。したがって、国際ブランドマークの付いたクレジットカードを所持していれば、国内はもちろん、海外に行っても、海外の銀行のATMで資金の引出しができる。こ

れに対し、日本の銀行発行のキャッシュカードでは、海外で預金の引出しができない。また、日本の銀行は国内キャッシュカードに対応するATMしか設置してこなかったので、訪日外国人は、裏面にしか磁気ストライプのない自国のキャッシュカードやクレジットカードを日本の銀行ATMで利用できないという、現在のガラパゴス状態が出現したのである。

　磁気カードには、カード番号、名前、有効期間、暗証番号（PIN：Personal Identification Number）フラグなどが記録されている。キャッシングサービスでは暗証番号を使用するので、拾得等したクレジットカードでは、暗証番号が不明なため、キャッシングで第三者が不正使用することができなくなり、セキュリティ対策が一歩進んだ。

### (D)　CATの登場

　しかし、クレジットカードを利用した一般商店での買い物では、引き続き、オフライン取引であり、インプリンターを使って、サインで本人照合を行っていた。したがって、せっかくの磁気カードの情報を利用できず、加盟店に「無効カードの一覧表」（毎月加盟店に送られる紛失・盗難など無効なカード番号の一覧表）に掲載されるまでのタイムラグを利用した不正使用が可能な状態であった。また、インターネットのサイトで「カード番号ジェネレーター」というアトランダムにダミーのカード番号を生成するプログラムが提供されており、これらの方式を利用して作成した不真正なカード番号による偽造カード、通信販売や電子商取引（EC）での不正使用が発生していた。

　そこで、対面取引における偽造カード対策として、カードの表面に「ホログラム」（〈図表6〉のVISAマーク上の画像）を貼る方法で真正なカードであることが加盟店に容易に判明するような措置を講じられた。ホログラムというのは、高度な印刷技術を使い、見る角度により、画像が異なる仕組みである。これにより、偽造カードと区別しようとしたのである。

　また、より本格的な対策として、オンラインオーソリゼーションが実施されるようになった。これは、クレジットカードの裏面に張られた磁気ストライプに登録されたカード情報を端末機のカードリーダーにより読み取り、

第 2 章　キャッシュレス時代のセキュリティ

〈図表 6〉　ホログラムの入ったカード

出所：筆者撮影

〈図表 7〉　初期の CAT 端末機

出所：JIN のアリバイにならない日記
〈http://blog.livedoor.jp/ginger6901/
archives/1811711.html〉

カード会社を区分するテーブルに伝達して、その指示に従って、情報の送信先を識別し、売上データとともに送信する仕組みである。この端末機は、CAT（Credit Authorization Terminal）といい、NTT データが開発した CAFIS という通信ネットを経由して、カード発行会社のコンピュータに接続されて、自動的に販売承認する。これにより、今まで電話で行っていた作業が不要になり、かつ、速やかに売上情報が取得できる。そのため、不正使用はもちろん、フロアリミットを引き下げることで、利用限度オーバーの不正売上げを防止できるようになった。

CAT を利用した販売承認制度の普及により、2000年には308億7000万円あった不正利用額が、2007年には、ショッピング取扱額が1.41倍伸びたにもかかわらず、91億8000万円と 3 分の 1 以下に減少した。

(E)　インターネット普及による不正利用の変化

21世紀になると、インターネットが普及し、徐々にインターネット上のモールや販売店のウェブサイトで商品を購入することが増加する。これらは非対面取引であるため、クレジットカードは販売店にとって有力な本人確認と決済手段となり、電子商取引（EC）で盛んに利用されるようになる。EC では、家庭電化商品や本など、店頭販売されている商品が当初人気を集めたが、徐々にあらゆる商品が取引されるようになり、旅行や宿泊、ゲームその他のコンテンツなどサービスも EC 取引の対象となり、ますますクレジット

カード決済が利用されるようになった。

一方、インターネット取引では、あらゆるコンピュータが接続されているため、セキュリティレベルの低いECモールや販売店のECサイトが不正な攻撃を受け、コンピュータに登録された個人情報やクレジットカード関係の情報の漏えい事故が発生するようになった。そうすると、漏えいした個人情報やクレジットカード番号などを用いて、不正にEC取引をする者が増加してきた。それまでは、カード会員がカード現物さえ管理していけば、カードの他人使用という不正はほとんど防止することができた。しかし、カード番号などの情報が漏えいしたり、店員がカードを扱った際に、カードの券面をスマートフォンで撮影するなどして、カード番号と有効期限、氏名とセキュリティナンバーの情報を不正に手に入れ、本人になりすましてインターネットの買物代金を決済する不正利用の形態が新たに増加したのである。

このような不正利用が可能となったのは、インターネットに出店している企業の中には、カード番号と有効期限の入力だけでカード決済をできるようなシステムを構築していることが多かったため、カード現物がなくても、情報だけで、カード決済ができるところに原因があった。

　(F)　データのスキミング等

また、磁気カードに登録されているデータをスキミング（コピーして抜き取ること）して、そのデータを使って偽造したカードで不正利用する犯罪集団も発生した。スキミングは、ガソリンスタンドのよう夜間無人の店舗の端末機や銀行のATMにスキマーという器具を取り付け、正常な操作時にデータをコピーしたり、店員がカードを預かった際に手動で行われるなどの例があった。

スキミングされたカード等の情報をもとに偽造されたカードの情報は、真正なカードに格納されているデータとまったく同じなので、CATに接続された審査用のコンピュータは、本物と勘違いして販売承認を行う。この不正使用は、サイン取引では、防ぐことはできなかった。

### (3) 事業者の現在の安全対策

カード現物とカード情報およびサイン照合によるセキュリティ対策の限界が明らかになったことで、カード情報の提供者がカード保有者自身であることを確認するため、ショッピングでも CAT を利用して、暗証番号を入力させる仕組みを導入すること、およびカード情報を簡単に盗めないように、磁気カードから IC カードへの切替えが検討された。特にスキミング被害に悩まされたヨーロッパでは、2002年に Eurocard と Mastercard、Visa が共同して IC チップの仕様を統一し、EMV 仕様の IC チップ搭載カードに切換えを開始した。その後、American Express、JCB、銀聯も参加し、EMV 仕様が各ブランドカードに採用されている。また、IC チップ付きカードには、接触式のものと非接触式のものがあり、非接触式（NFC 方式）には Type A/B（世界標準）が採用されている。

接触式は、IC チップの中に暗号化されたカード情報が格納されており、端末機で IC チップのアンテナに通電させ、その情報を読み取って、カード取引を行い、暗証番号の入力により、本人の操作であることを確認する仕組みである。非接触式は、交通系の電子マネーのように、端末の至近距離から IC チップ内の情報を読み取るので、かざすだけでカード取引を完了する。

〈図表8〉 非接触 IC チップ搭載のカードとそのアクセプタンスマーク

出所：筆者撮影

IC チップに搭載されたカード情報は、暗号化されており、その解読には時間がかかるため、現状では実質的にカードの偽造はできない。非接触式のカードや Apple Pay など NFC 決済の場合は、会員番号が別の番号に置き

換えられており（トークン化）、さらに安全性が高まっている。ICチップ搭載カードでは、暗証番号により、本人確認するので、暗証番号の管理をきちんと行えば、他人は不正使用することができないので、セキュリティレベルは格段に進化することになった。

　トークン化とは、カード番号の一部を含む情報を国際カードブランドが別の文字列（トークン）に置き換えることである。カードブランド会社だけが元の会員番号に復元でき、実カード番号を使わず、安全である。

　また、インターネットにおける不正使用を防ぐ方法の一つとして、カード番号と有効期限、氏名の入力のほかに、カードの裏面の３桁のセキュリティナンバーを入力させて、カードの現物を持たない不正使用を防ぐ仕組みがある。また、カード会社の提供する本人認証サービス（３Ｄセキュア）を利用すれば、あらかじめ設定した番号の入力により、本人以外の利用を排除できる。さらに、３Ｄセキュアのパーソナルメッセージ機能を使えば、カード番号を入力したときにメッセージが表示されるので、この内容が正しければ、会員も正規のクレジットカード会社からの認証であると判断することができ、フィッシング詐欺の防止につながる。

　したがって、３Ｄセキュアを採用するサイトでは、流出したカード情報による不正な利用を防止できることになる。

### ⑷　加盟店の安全管理対策

　クレジットカード加盟店は、CAT端末機にカードを通し、カード会社から販売承認を取得すれば、必ずカードを利用した代金をカード会社から支払ってもらうことができた。しかし、不正利用の増加で、カード会社と利用会員に被害が発生していることで、加盟店に大きな課題が生じている。

　第一は、偽造カードの製造に、加盟店から漏えいした情報が使われているという問題である。加盟店のパソコンや販売管理システムを運用するサーバが不正攻撃によって、盗み出されたり、システム安全管理を怠った加盟店から漏えいしたカード情報を含む個人情報がカード偽造団に提供されているのである。現在は、偽造が困難なICチップ付きカードになっていることから、

磁気ストライプにしか対応しない端末機を使用している加盟店がスキミングによって情報を盗まれ、また、不正使用のターゲットになっている。

偽造団は、不正に入手した個人情報とカード情報をもとに偽造カードを製作するが、それは技術的に偽造が可能な磁気カードである。したがって、今後は、偽造団に狙われないように、加盟店はIC チップ対応の端末機を設置し、カード取引がIC チップと暗証番号取引に切り替われば、磁気式の偽造カードは対面取引では利用できなくなる。

第二は、インターネット取引におけるなりすまし取引への対策である。非対面取引では、不正に取得したカード情報を使ったなりすまし取引が容易であるため、加盟店には、「情報漏えいを起こさない体制の構築」が求められる。

その方策として、対面取引や通信販売、インターネット取引において、顧客との取引に関するデータに関連して、カードの決済情報をパソコンやサーバなどに一切保有しない仕組み（「非保持化」）を構築する必要がある。決済代行会社などを利用して、自社商品との取引画面とカード決済画面を切り離し、カード決済画面は、PCIDSS（Payment Card Industry Data Security Standard）に準拠したセキュリティ対策を講じている決済代行会社やクレジットカード会社のシステムで完結する仕組みも「非保持」と認められている。これを徹底することで、なりすまし利用に利用されるカード番号等の情報の流出を防ぐことができる。なお、カード決済の取消しや配送などの目的でどうしてもカード情報を保持する必要がある場合には、国際カードブランド会社が策定したPCIDSS に準拠した強固なセキュリティ対策を自ら講じる必要がある。

### ⑸　会員が行うべき安全管理

カード取引のセキュリティ対策に、カード会員も無縁であってはならない。

なぜなら、すべてのカード会社の会員規約には、通常〈図表9〉のような会員の「善管注意義務」についての規定が定めてあり、これに違反して、不正使用が行われたときは、カード会員の責任になるからである。

㋐は、カードは、カード会社から貸与を受けているだけで、自分のもので

第2部　キャッシュレス社会の実情と課題

**〈図表9〉　クレジットカード会員規約の例**

⑦　カードの所有権はカード会社にあります。

④　会員は、善良なる管理者の注意をもってカードおよびカード情報を使用し管理しなければなりません。

⑨　カードは、会員本人以外は使用できません。会員は、他人に対し、カードを貸与、預託、譲渡もしくは担保提供すること、またはカード情報を預託しもしくは使用させることを一切してはなりません。

はないこと、したがって、カードは大事に扱わねばならず、返還を要求されたらカードを返却する必要がある。

　④においては、カード会社の貸与物であるカードの現物はもちろん「カード情報」を「善良なる管理者の注意をもって管理すべき義務」を課している。「カード情報」とは、カード表面に表示された会員氏名、会員番号およびカードの有効期限等とカードの裏面に記載された3桁のセキュリティナンバーをいう。この「カード情報」は、一部がカードの売上伝票などにも表示されることがあるので、それらを含めた情報管理が必要であり、安易に写真に撮ったり、メモすることがないようにする必要がある。

　⑨では、本人以外がカードとカード情報を使用してはならないこと、他人が使用する可能性のあるカードの貸与、預託、譲渡もしくは担保提供すること、およびカード情報を預託しもしくは使用させることが禁止されている。

　上記に挙げた以外に、会員は、会員規約に定められた義務を履行すること、会員規約で禁止された行為を行ってはならない。次項において、事例に沿って、利用者が留意すべき点等を解説する。

## 2　セキュリティ対策を事例で学ぶ

　クレジットカードやデビットカードは、国際ブランドのロゴマークが掲載されたカードであれば、世界中その国際ブランドに加盟する販売店で、利用することができる。販売店は利用を断ってはならないとのブランドのアクセ

第2章　キャッシュレス時代のセキュリティ

プタンスルールが存在する。

しかし、不正な利用は排除されなければならない。そこで、前項で紹介した以外にもセキュリティ対策が講じられているので、事例に沿って紹介する。

### (1)　事例1：クレジットカードの利用を断られた

A君は、今年4月にB商事に入社し、給与の振込先に指定した銀行の行員に勧められてクレジットカードを申し込みました。

クレジットカードを手にしたA君は、早速、夏のボーナスで支払う見込みで、スーツを購入しに出かけました。しかし、その途中で家電量販店に立ち寄り、欲しかったゲーム機をカードで購入し、さらに腕時計を購入しました。

その後、スーツの購入を決めたA君は、カードを取り出し、決済しようとしましたが、店員はカード端末の操作の途中で電話に出て、A君に電話を代わってくれと言いました。何が起きたのでしょうか。

A君は、目当てのスーツを購入する前にゲーム機と腕時計をクレジットカードで購入している。カードの初めての利用にもかかわらず、1日で3回のカード利用となったため、拾得したカードなどで他人が「買い回り」しているのではないかと、カード会社の「不正検知システム」が判定した可能性がある。

不正検知システムというのは、過去の不正利用者の購入パターンなどを学習させたプログラミングで、かつ会員自身の日頃のカード利用状況、行動範囲などを反映させて、不正利用の可能性のあるカード決済を調査のため一時停止させるものである。警報が出ると、カード会社が販売店に不正利用でないかの確認することになる。カード情報を読み取るCATなどの端末機はすべて電話回線やインターネット回線で接続され、設置場所は特定されている。

したがって、カード会員の属性（性別、年齢など）が一致しているかどうか、端末機を操作している店員や周りの店員に電話で確認することで、不正利用

93

第2部　キャッシュレス社会の実情と課題

かどうかの判定をしているのである。特に、換金性の高い商品を連続して購入するケースでは、資金繰りに困った個人が行うこともあり、不正利用として警戒の対象となる。A君は、カードの貸与を受けてすぐに換金性の高い商品を連続して購入するなどしたため、チェック対象になったものと考えられる。A君にとっては迷惑行為になりかねないが、不正検知システムが働くことで、不正利用者を牽制するなど、被害を未然に防いでいるのである。

### ⑵　事例2：カードが無効になっていた

A君は、しばらくして、地方の支店に転勤した。入会から2年くらいたったある日、久しぶりにカードを取り出して、カード決済しようと思った。ところが、店員から「このカードは無効です」といわれて、カードの決済を断られた。前回のスーツ代などは、ボーナスできちんと支払いを完了しており、カードは有効期限内で、カード利用を断られる理由が思い当らない。どうして、A君のカードは無効になったのだろうか。

クレジットカードを保有し続けるには、原則として年会費を払う必要がある。年会費は、入会初年度は無料の場合や継続して利用しているときは、支払いが免除になることがある。また、年会費は1000円程度で、多額でもなく、口座振替の手続をした口座から、定期的に引き落されることから、プレミアムカードを保有していない限りは、気にすることは少ない。そのためカード会社は、ショッピング等の利用がなく、年会費だけの請求の場合、請求書を発行することは少ないようである。

ところで、A君は、転勤時に年会費引落しとなっていた銀行口座を解約しており、その後年会費の支払いを怠っていた可能性がある。年会費の支払いがない場合、カード会社は年会費の支払いを請求するが、転勤のときにカード会社に住所変更の手続を行っていないと郵便物が「転居先不明」で戻ってしまうことになる。そうなると、A君は年会費が未納で、決済用の口座が解約されており、転居先不明の状態であるため、「通知、連絡が不能」とカー

ド会社に判断され、カード会員の資格を喪失し、契約が解除されたものと考えられる。

　なお、A君が郵便局に新住所への転送依頼をしておけば、請求書などは転居先に転送されるが、A君がカードを保有している事実や請求書等に記載されたカード情報等が転送の過程で第三者に知られるリスクがある。カード会社は、請求書等にカード番号の全部を記載せずに、一部記載を省略しているが、これも第三者のカード情報の悪用を防ぐ不正使用対策の一つである。

### (3)　事例3：海外でのカード利用で困った

---

　A君は、入社3年目に、初めての海外出張で、ロンドンに出かけた。ロンドンでは、電車や地下鉄、バスなどの交通機関にクレジットカードやデビットカードで乗車できると聞いていたし、買い物もたくさんするつもりで、国際ブランドのクレジットカードとデビットカードを持って出かけた。

　ヒースロー空港に着いたA君は、ほかの観光客の後に従い、地下鉄の駅に向かった。ほかの観光客は、国際ブランドのカードを取り出すと、改札口で、日本の交通系電子マネーと同じようにタッチして、入場している。早速、A君も同じように、国際ブランドクレジットカードでタッチしたが、改札口が開かない。係員にカードを見せると、チケット券売機を指さして、チケットを買えという。そこで、A君は、券売機にカードを挿入して、一日券を購入することにした。日本語表示された券売機の画面の指示に従って操作をしたが、操作の途中でA君は困ってしまった。

---

　海外、特にヨーロッパでは、発行されている国際ブランドのクレジットカードとデビットカードは、すべてがICチップカードである。しかも、ほとんどのICチップカードは、接触式・非接触式の兼用になっており、スマートフォンの決済アプリにカード情報を取り込んで、Apple PayなどのNFC

95

第2部 キャッシュレス社会の実情と課題

〈図表10〉 Apple pay や非接触カード対応の端末機

出所：筆者撮影

方式で利用できる方法も普及している。

ロンドンでは、交通系電子マネー（オイスターカード）が普及しているが、近年は、非接触方式のクレジットカードなどでもそのまま乗車が可能になっている。しかしA君のカードは、日本で発行されている国際ブランドのデビットカード（三井住友銀行、北國銀行、住信SBI銀行など数行が発行）やクレジットカード（オリコ、ジャックスなどが発行）の非接触方式カードではなかったのだろう。そのため駅員は、券売機を利用して一日券などの他の乗車券の購入を勧めたのである。ところで、ヨーロッパの券売機は、乗車券等をカードで購入するときには、暗証番号を入力しなければ取引ができないことが多い。A君は、カード入会時に設定した暗証番号（PIN）を忘れていたのではないだろうか。したがって、取引を最後まで完了できず、困ってしまったのであろう。

なお、非接触方式のカードの場合、ロンドンでは30ポンド以内（約5000円）までは、原則としてPINレス・サインレスで取引ができる。ヨーロッパ全体は20～30ユーロ、オーストラリアは100豪ドル（約8500円）に設定している。非接触方式カードを紛失した場合、電子マネーの場合と同様に、他人に不正使用されるおそれがあるが、少額取引に限られることで被害額を少なくしているほか、カード情報を登録したスマートフォンの機能を使った利用制限やカード利用の停止などを組み合わせて、利便性を損なわず、かつ、セキュリティに配慮した利用方法も提供されている。

(4) 事例4：海外の買物での商品トラブル

暗証番号を確認できたA君は、家族と同僚にお土産を購入し、家族の分は、航空便で実家のほうに送ってもらった。無事帰国したA君は、会

社に出社してすぐに出張旅費の精算を行った。すると、その途中で、露店で決済した2.95ポンドのお菓子代が29.5ポンドでカード決済されているのに気づいた。決済するときに桁違いに気づかなかったのである。そこに、実家の母から電話があり、実家に送った有名ブランドのティカップの一つにひびが入っていたというのである。桁違いの代金請求のうえ、商品の破損で、A君は、大損害であるが、このようなときはどうしたらよいのでしょうか。

　国際ブランドのカード利用代金の精算システムでは、カードを利用した会員の所属カード会社（イシュア）にその加盟店を管理するカード会社（アクワイアラ）が代金を請求（チャージ）する仕組みになっている。イシュアは代金をアクワイアラに支払ったうえで、利用した会員に代金請求する。

　しかし、利用代金の相違、商品の未納やサービスを受けられなかったとして、会員から通知を受けた場合、イシュアは支払済みの代金の取消しが認められている。この手続のことを「チャージ・バック」という。チャージ・バック制度により、金額相違や身に覚えのない不正な請求などから、利用者は守られることになる。

　そこで、A君は、桁違いの代金の誤請求であるとして、請求書やレシートなど正確な代金を示す書類などを揃えて、カード発行会社に連絡して、「チャージ・バック」してもらうことが可能である。そうすれば、先方も入力ミスを認め、誤請求を取り消し、正しい額で請求し直すことになろう。

　しかし、輸送中に壊れた商品の代金は、販売店やアクワイアラに責任はないので、A君は、代金を支払う必要がある。その損害は、輸送した会社に請求することになる。ところが、海外からの輸送の場合、海外から配達場所に到着するまで多数の業者が介在するため、どの時点で壊れたかを明らかにできない限り、相手を特定して損害を賠償請求することができない。そこで、カード会社では、「ショッピング・プロテクション」という制度で購入商品の損害を補塡する制度を用意している。クレジットカードの盗難や紛失によ

る不正利用については、カード盗難保険や会員保障制度で補塡が受けられる
ほか、旅行保険や交通傷害保険など、クレジットカードには、利用者の安心
のための保険制度が多数用意されている。もし、A君がすべて現金決済して
いたら、誤請求の代金や壊れた商品の救済は受けられなかった。これらは、
現金取引にないキャッシュレス取引の大きな利点の一つである。

# 3 キャッシュレス時代のセキュリティ対策

## ⑴ セキュリティ対策の新たな段階

　2018年、訪日外国人は初めて3000万人を超えた。2020（平成32）年のオリ
ンピック・パラリンピック東京大会の開催等を踏まえると、今後さらに訪日
外国人が増加すると見込まれることから、その需要の取込みも含めて、商取
引の活性化に資するキャッシュレス化の推進は重要な政策課題として位置づ
けられている。一方で、ICカードに切り替えが終わりセキュリティ対策で
先行する欧州に続き、米国も2013年11月の大規模な個人情報漏えい事故以降
は、ICカードへの切り替えに国を挙げて取り組みを開始しており、我が国
の対策が遅れると、日本のカード市場がセキュリティホール化する可能性が
指摘されている。

　その懸念を裏づけるように、2001年以降減少傾向にあったカード不正使用
被害額が2014年から増加に転じている。従来の偽造カードによる被害は減少
しているものの、不正使用の過半を番号盗用被害が占めており、加盟店が保
有する顧客データの漏洩、加盟店のPOSシステムへのサイバー攻撃などが
増加して、カード情報が漏えいし、電子商取引などで不正利用されている事
実がある。そこで、セキュリティ対策として、①カード情報の不正入手を防
ぐとともに、②加盟店から商品等をだまし取る手口を封じることが必要に
なっている。

　経済産業省は、2016（平成28）年に割賦販売法を改正し、カード会社に代
わり加盟店契約を締結する決済代行会社の登録制を導入し、加盟店に対して
も、カード情報の適切管理および不正使用防止のための措置を義務づけるな

第2章　キャッシュレス時代のセキュリティ

〈図表11〉　カード情報の不正入手の手口

|  | 入手先 | 不正入手の手口 |
|---|---|---|
| カード情報の不正入手 | カード会員 | 【フィッシング】正規のメールやwebサイトを装い、カード番号・暗証番号・セキュリティナンバーを入力・送信させる。【スパイウエア】会員のパソコンにメールなどで送りこんだ不正なソフトや無償アプリにセットした不正なソフトをインストールさせ、知らないうちにパソコン内のカード情報などのデータを送信させる。 |
|  | カード加盟店 | 【サイバー攻撃】webサーバの脆弱性、セキュリティシステムの穴を利用して、加盟店サーバからカード情報や個人情報を外部から抜き取る。【スキミング】磁気情報を読み取るスキマーをカード端末機などに装着し、カード使用時のカード情報を抜き取る。【売上伝票・データの侵入盗】 |
| カード現物の不正入手 | カード会員 | 【スリ・仮睡盗】【車上狙い・侵入盗】 |

〈図表12〉　商品の詐取の手口

| 対面取引（店舗取引） | 非対面取引（インターネット取引） |
|---|---|
| 【偽造カードの利用】スキミング等で手に入れた情報で偽造カードを製作し、商品等を詐取。 | 【本人なりすまし】不正入手したカード番号と有効期限等の情報をもとに、商品等を詐取。 |

ど、セキュリティ対策の強化に踏み切った。また、経済産業省が主導する「クレジット取引セキュリティ対策協議会」において、2016年4月に「クレジットカード取引におけるセキュリティ対策の強化に向けて」という実行計画が発表された。

　この計画によると、非対面取引加盟店には、2018年3月までに「クレジットカード情報を第三者に盗ませない」ために「クレジットカード番号の非保持化」または、「PCIDSSに準拠」することが義務づけられた。また、「ネットでなりすましをさせない」ために、多面的・重層的な不正使用対策の導入が加盟店に求められている。ECにおけるクレジットカード決済は、カード情報がEC事業者側のサーバを通過する「通過型」と通過しない「非通過型」

99

があり、「通過型」は、カード情報がEC事業者のサーバに保存されることがあるため、不正アクセスなどによる情報漏えいが発生する可能性が非通過型と比べて高い傾向がある。そこで、カード情報を電磁的に送受信しないこと、すなわち「自社で保有する機器・ネットワークにおいて『カード情報』を『保存』『処理』『通過』しない」よう、「クレジットカード番号の非保持化」が推奨されている。

また、対面取引店舗については、「偽造クレジットカードを第三者に使わせない」ために、ICカード対応の端末機の設置が義務づけられた。それでも、端末機は、磁気カードも処理できることから、端末機にスキマーなどスキミング器具が取り付けられていないかチェックし、ホログラムを確認して、偽造カードでないか、目視での確認も求められている。今後、クレジットカードは、100％IC化されるので、原則として、PIN（暗証番号）の入力を求め、本人確認を行うことが必要になっている。

〈図表13〉 ICチップカード対応の加盟店を示す統一マーク

今までは、カード会社が不正使用で直接損害を被るため、セキュリティ対策に力を入れてきたが、今後は、法律で、不正使用対策として加盟店などのクレジット番号取扱事業者にセキュリティ対策が義務づけられることで、新たな段階に入ったといえよう。

(2) 災害でもより安全に

便利なキャッシュレス決済であるが、地震や水害、台風などで停電すると、決済システムが利用できないから、現金のほうが便利であるとの声も聞く。しかし、2018年夏は、台風と大雨による災害で、北海道、静岡県、関西地区、沖縄県で数日間停電が続き、銀行のATMが多数休止した。また、停電で店舗のPOSレジが動かず、営業休止に追い込まれた店舗も多かった。長期間の停電で取引ができないのは、現金取引でも同様である。

第2章 キャッシュレス時代のセキュリティ

　一方、カード会社は、カード決済のシステムを構成するコンピュータを地震や水害などから安全な場所に設置したり、バックアップシステムを用意し、無停電システムを採用するなどして、対応をしている。また、災害の発生時に停電などで電気が使用できなくても、通信回線さえ確保できれば、タブレット端末やスマートフォンに接続したカードリーダーでカード情報を読み取り、カード決済は可能となっている。また、スマートフォンの送金アプリやウオレットアプリを使えば、現金がなくても、資金のやり取りは個人間、事業者間でも可能であり、キャッシュレス取引がまったくできないわけではない。

　カード会社は、最重要資産である情報を管理しているコンピュータに侵入され、取引に係る情報を盗まれないように、ウイルス対策やハッカーなどの攻撃に、二重、三重のガードをかけて対策を講じている。現金の場合、自宅においておくと、盗難被害に遭うことや災害で現金や通帳を見つけることができなくなることが考えられるが、クレジットカードやスマートフォンは、いつも身近に持っており、万一、所在不明になっても、連絡により利用の停止ができるので、財産の散逸を防止できるなどの現金にはないセキュリティ対策があり、現金より、有利な点があることに留意したい。

### (3)　より利便性とセキュリティの高い決済

　現在のカード取引は、プラスチックカードを媒体とする方式がまだ主流であるが、ICチップを利用するので、カードを利用する必然性がなくなってきた。スマートフォンのSIMにカード情報を記録したり、決済アプリを使えば、ICチップを搭載する必要もない。クレジットカードの初期には、サインで本人の認証をしていたが、現在は、PIN（暗証番号）で認証ができており、今後は、カードを発行せず、顔認証や指紋認証だけで、決済できるようになることが考えられる。これらは、究極の決済手段であるとともに、紛失や他人の不正使用の危険性がなく、使い勝手のよい決済手段となることであろう。

　ところで、最近はスマートフォンを使ったQRコード決済が増えてきた。

**101**

今まで日本では、QRコードは、会員証やポイントカードに表示されて、リーダーで会員番号等の読み取りに主に活用されてきたが、中国でのAlipayやWeChat Payの普及に刺激され、また、QRコード読取の端末機がなくても決済ができる点に着目して、日本でもQRコード決済を提供する企業が非金融機関中心に増えてきている。

しかし、カード番号やアカウントに紐づけたQRコードを利用するので、そのままでは第三者が簡単に読み取ることができ、紙に印刷された「静的QRコード」を利用する方式では、QRコードの差替え等により不正使用することができるなど、ICチップ搭載のカード取引に比べると、不正利用される危険性が高い。そこで、会員番号等をトークン化し、かつ、一定時間経過後は変更する「動的QRコード」を使用して、盗用のリスクを下げる対策が講じられている。中国では、人民銀行がQRコードの安全基準を策定し、銀聯がこの基準に沿って、銀行統一のスマホアプリをつくって、QRコード決済に参入しているが、日本では、QRコードの企画・仕様がバラバラで、統一されていないし、安全対策基準として、統一的なものは示されていない。現在、経済産業省が中心となって、キャッシュレス化推進協議会を結成し、そのワーキングの中で、仕様の統一化が検討されているが、その過程でセキュリティ基準が定められて、安全が確保されることが期待される。

### (4) 消費者も自衛が必要

クレジットカードシステムのセキュリティ対策は、クレジットカード会社だけで達成できるものではない。決済代行会社 (PSP) や加盟店、ネットワーク事業者、POSメーカーなど、さまざまな関係者が協力し合って達成されるものといえる。

また、消費者も、これらの関係当事者に「守ってもらう」のではなく、不正利用の被害にあわないよう「自衛する」必要がある。国内でも、国外でも、以下のカード利用時の注意点を守り、安全で、快適なカード利用を行い、来るべき完全なキャッシュレス社会に備えることが重要である。

カード利用に係るハード面でのセキュリティレベルは、以前と比べて、数

第2章　キャッシュレス時代のセキュリティ

**〈図表14〉　消費者の留意点**

【カード利用時の留意点】

□ IC チップの付いたカードを使う。

□ 非接触式対応の店では、必ず、非接触式カード決済にする。

□ カードを店員に渡したら、目の前で決済するように言う（店の奥に持っていかれないように）。

□ 店員がカード番号をメモしたり、カードの写真を撮っていないか監視する。

□ カードを財布から出すときは、周りに不審者がいないかを確認する。

□ 暗証番号を入力するときは手で隠す。

【ネット利用時の留意点】

□ ウイルス対策ソフト、セキュリティソフトは最新版を利用する。

□ 安全でない環境では、フリー Wi-Fi を使わない。

□ インターネット取引では、Web ページのブラウザのアドレスバーを必ず確認し、フィッシングサイトでないことを確認する。

□ 金融機関・カード会社の発信したメールでも、添付されている URL からアクセスせず、事前にブックマークしたものを使う。

□ 同じパスワードを複数のインターネットサイトで使わず、すべて、変える。

□ 有名な EC サイト以外では買い物をしない。

【その他の注意点】

□ カード会社のオンラインサービスを利用し、利用状況をチェックする。

□ 利用後すぐにメール連絡サービスのあるカードを利用する。

□ ATM 利用時には挿入口を触り、ガタガタしないか（スキマーが取り付けられていないか）確認する。

段高まっているが、カードの取扱いは、保有者が自ら行う必要がある。にもかかわらず、国内では、カードを店員に渡して処理する慣習が定着している感がある。カードを店員等に渡す行為は、現金の入った財布を渡しているのと同じ危険性があることを肝に銘じ、海外での利用と同じく、カード等を手放さず、本人が端末機を操作する欧米式のオペレーションに改めるよう、消費者が求めていくようにする必要もあるのではないだろうか。

(5)　**セキュリティに関するまとめ**

　今後、キャッシュレス取引は、ますます増加することは間違いない。紙幣や貨幣のように目に見えて、触って実感できる価値に慣れ親しんだ者にとって、情報に化体した価値は、なんとなく、不安に感じることは否めない。現

**103**

第2部　キャッシュレス社会の実情と課題

金の安全管理は、現物を金庫などで厳重に管理すればよかったが、カードやスマートフォンでは、常に持ち歩くから、管理方法も異なる。また、保有者がしっかり管理しているつもりでも、サーバ攻撃やウイルスによっていつの間にか、価値が消滅している不安感もある。

　しかし、銀行に預金して、通帳にその残高が記帳されている状態もキャッシュレスである。預金口座から口座振替や送金により、現金を引き出さないで決済を完了しているのである。カードやスマートフォンなどを使ったキャッシュレス決済は、使うツールが進化し、多様化し、利用範囲が拡大しただけである。ルールを知って、これを守ればカードは便利なツールであり、現金にはない救済措置もある。また、現金よりむしろ安全でセキュリティレベルが高く、その機能を活用すれば、家計管理や金銭教育にも活用できる。むやみに心配するのではなく、むしろその利点を知って、活用する必要があるのではないかと考える。

〔第2部第2章　吉元利行〕

# 第3章

# キャッシュレス時代の
# 個人情報・信用情報

## はじめに

　この章では、キャッシュレス取引を行ううえで必ず課題になる個人情報の問題と、クレジットカード（以下、単に「カード」ともいう）等の関係法規について解説し、そのあるべき姿を探る。

　匿名性の高い現金に対し、カードやデジタルなどによる非現金取引は、必ず使用者本人の個人情報と結びついている。それらの個人情報は、販売店、カード会社、ネットポータル会社、通信キャリア、配送会社などの企業に蓄積される。さらに過去の取引情報や支払履歴などは、信用情報として個人信用情報機関に保管され与信のときに利用される。その量は天文学的な数字に上り、毎日世界中で増加し続けている。

　未来のキャッシュレス社会では、個人情報＝信用が貨幣に代わる価値を持つようになるかもしれない。

　そこで、キャッシュレスの課題として、キャッシュレスの知識のベースになる個人情報とクレジットカード関連の法規を取り上げる。読者には、現実の法律は必ずしも理想的につくられているわけではないこと、いかなる法律も制定時の社会情勢、消費者保護、関係業界の思惑などを排除しては策定できないことをおわかりいただいたうえで、法の考え方や重要なポイントについて理解していただきたいと思う。

第2部　キャッシュレス社会の実情と課題

また多重債務問題や法の改正時に大きな社会問題が起きると、その部分だけ改正され、継ぎはぎだらけの読みにくい法律になることも多い。そして法律と監督官庁は密接に結びついており、行政のその時々の考え方で法の解釈と業界の指導、監督が行われるのが現状である。

それらの事情を踏まえ、「個人情報」「信用情報」「信用情報機関」「カード関連法規」についての知識、法規、ガイドライン等を、できるだけわかりやすく、現実に即して解説する。

# 1　個人情報の知識

個人情報の知識の基礎として、個人情報保護法の対象や義務、運用ルールなど法規制のポイントと、保護法自体の構成と概要について述べる。紙幅の制約もあり法規の詳しい内容を書くことはできないので、法律がどのように書かれているかは法律文をぜひ確認してほしい。

## ⑴　個人情報とは

2018年4月に、フェイスブックの個人情報約8000万件が流出する事件が起きた。経営者のザッカーバーグ氏は米議会で厳しく追及され、株価の下落で時価総額が一時期4兆円も失われた。

個人情報の取扱いを間違え流出事件などを起こすと、たとえ不注意や外部のハッカーによるものでも、企業は壊滅的な損害を受けることがある。

現在の日本での個人情報の定義や取扱いについて具体的に考えてみる。

### ⒜　どこまでが個人情報か、個人情報の法的な定義は？

法律上の個人情報は、2003（平成15）年制定の個人情報の保護に関する法律（以下、「個人情報保護法」という）2条に次のように定められている。

> 「個人情報」とは、「生存する個人」に関する情報であって、次のいずれかに該当するもの
> ①　当該情報に含まれる氏名、生年月日その他の記述等により特定の個人を識別できるもの（他の情報と容易に照合することができ、それ

により特定の個人を識別することができるものを含む）

② 「個人識別符号」が含まれるもの

具体的に考えてみよう。

質問① 死者の情報は個人情報ではないので自由に使ってもよいか。

② SNS で公開されている情報は使ってもよいか。

③ 日本国内に居住する外国人の個人情報は法の対象か。

答えは、①死者に関する情報が、同時に遺族等の生存する個人に関する情報である場合は個人情報である。

②特定の個人を識別できる情報は、公開されていても個人情報である。電話帳、新聞、ホームページ等に掲載されている情報も同様である。

③外国人の情報も個人情報で、法の対象である。

これだけでは個人情報の定義を理解することには不十分と思うが、徐々具体化していくので、続けて読んでいただきたい。

**(B) 個人の特徴や付された番号など、個人識別符号とは？**

個人情報の定義をさらに明確にするため、2015（平成27）年の個人情報保護法改正で新たに2条に「個人識別符号が含まれるもの」が追加され、同条2項に定義規定がおかれた。

個人識別符号とは、その情報単体で特定の個人を識別できるもので、これを含む情報は「個人情報」になる。

個人識別符号には、二つの種類がある（2条に2種類規定されている）。

① 1号個人識別符号：身体的特徴をコンピュータ等で扱えるように変換した符号で、たとえば次のようなものである。

・細胞から採取されたデオキシリボ核酸（DNA）を構成する塩基配列

・顔の骨格、皮膚の色、目、鼻等の形状によって定まる容貌

・虹彩の模様、および声帯の振動によって定まる声の質

第 2 部　キャッシュレス社会の実情と課題

・歩行の姿勢、歩幅等の態様

・手のひらの静脈の形状、および指紋、掌紋　など

② 　2 号個人識別符号：サービスやカード利用等の際に個人に付された文字、番号などの符号で、たとえば旅券番号、免許証番号、保険証番号などである。

ここで考えてみよう。

---

質問④　クレジットカード番号は個人識別符号か。

　　⑤　携帯電話番号やメールアドレスは？

　　⑥　防犯カメラの映像、電話の録音、筆跡は？

---

答えは、④クレジットカード番号は、法人等に割り当てられるなど運用が多様なため、個人識別符号には当たらない。

⑤電話番号やアドレスも、④と同様に個人識別符号には当たらない。

⑥防犯カメラの映像、電話の録音、筆跡もそのままでは個人識別符号には当たらない。

しかし、これらのものが氏名などと紐づけられていれば、個人識別符号ではないが、個人情報にあたることに注意しなければならない。

(C)　取扱いに注意を要する、要配慮個人情報とは？

「要配慮個人情報」は、不当な差別や偏見その他の不利益が生じないようにその取扱いに特に配慮を要する情報として、2015 年改正で個人情報保護法 2 条 3 項に追加された。要配慮個人情報は第三者提供はもとより、その取得の際にも、原則本人の同意が必要である。

具体的には、人種、信条（思想、宗教）、社会的身分、病歴、犯罪の経歴、犯罪により害を被った事実、身体障害、知的障害、精神障害、健康診断その他の検査結果などである。

要配慮個人情報の範囲を考えてみよう。

108

第3章　キャッシュレス時代の個人情報・信用情報

質問⑦　国籍や肌の色は要配慮個人情報か。

　　⑧　個人の身長や体重は？

　　⑨　他人の犯罪で取調べを受けた事実は？

　答えは、⑦は当たらない。国籍は「人種」ではなく、また肌の色では「人種」はわからないからである。

　⑧も当たらない。しかし健康診断などに紐づけたものは対象となる。

　⑨も当たらないが、本人を被疑者とした場合は対象である。

　(D)　個人情報の概念の整理、法規上の個人情報の種別

　個人情報保護法では、個人情報の内容について次のような用語を設け法の適用範囲を明確にしている。

　〈図表1〉のように、最も広い概念は「個人情報」「個人識別符号」で、すべての個人情報、個人識別符号が法の対象になる。次の概念が「個人データ」で、ここが個人情報保護法の最も重要な部分になる。

　個人情報をコンピュータ等で検索可能な状態にしたものを「個人情報データベース」といい、これを構成する個人情報が「個人データ」である。

　そして個人情報データベースを事業の用に供している者を「個人情報取扱事業者」（国や地方公共団体は除く）という。個人情報保護法は、個人情報取

〈図表1〉　個人情報の種別概念図

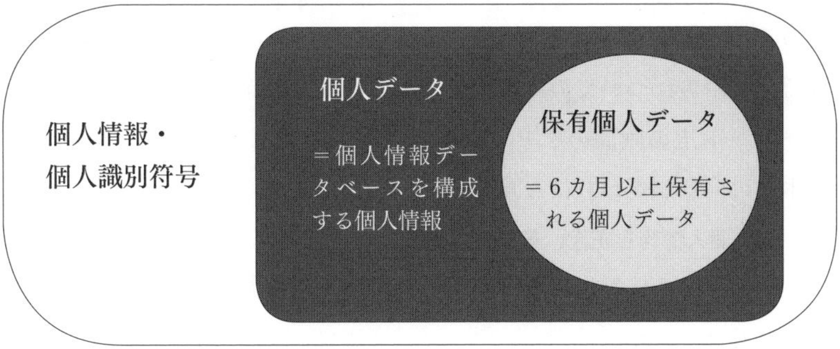

個人情報・
個人識別符号

個人データ
＝個人情報デー
タベースを構成
する個人情報

保有個人データ
＝6カ月以上保有さ
れる個人データ

**109**

第2部　キャッシュレス社会の実情と課題

扱事業者を実際の法規制の対象として、さまざまな義務を課し、罰則も設けている。個人情報取扱事業者には任意法人や個人も含まれる。2015年改正で、個人データが5000件以下の事業者は除かれいた従来の特例が廃止され、現在は1件でも個人データを用いているすべての個人、団体が法の規制対象である。

個人データよりさらに狭い概念が「保有個人データ」で、個人情報取扱事業者が開示・訂正・消去等の権限を有する個人データで、「犯罪」や「捜査」など当該個人データの存否が明らかになることにより公共の利益を害するおそれのあるものを除き、6カ月以上保有されるものである。これは本人からの開示・訂正・消去等の要請に応える範囲を示すもので、短期間の個人データ利用は除かれる。

## (2)　個人情報の取扱いと保護

個人情報取扱事業者が個人情報を実際に取り扱う際に、法により義務づけられている内容は次のとおりである。

### (A)　個人情報の取得・利用は本人への目的の明示が原則

個人情報を取得・利用するには、まずどのような目的で何に利用されるのかを具体的に特定して、本人に通知するか、またはホームページ等に公開することが必要である。取得時の利用目的を本人の同意を得ないで合理的範囲を超えて変更することや、目的外利用をすることはできない。

不正な手段での個人情報の取得は禁止されている。たとえば、十分に判断能力ない子どもから、家族の個人情報をその同意を得ずに取得するような場合である。

取得、利用等についての本人への明示方法は、書面、口頭、メールなどで行い、ネット上の画面のクリックでもよい。ただし要配慮個人情報の取得は、本人の同意がなければならない。

### (B)　個人情報を正確、最新に保つ安全管理措置

個人情報を安全に管理し利用するため、個人情報取扱事業者は次の措置を行わなければならない。

① データ内容の正確性を確保し、データの最新性を確保するため保存期間を定め、期間経過後に消去する。

② データの漏えい、滅失、毀損の防止のため、次のデータ取扱いに係る規則を整備する。

・組織的安全管理措置（責任者、運用、取扱状況の把握）

・人的安全管理措置（従業員教育）

・物理的安全管理措置（データ取扱い区域、機器および電子媒体の管理）

・技術的安全管理措置（アクセス制限、外部からの不正アクセス防止）

③ 従業者の監督

④ 業務委託先の監督

(C) 個人情報を第三者に提供することの制限と適用除外

本人の同意を得ないで個人情報を第三者に提供することは原則禁止であるが、次の場合は除かれる。

・災害時など、人の生命、身体、財産の保護のため必要で、本人の同意を得ることが困難な場合

・流行病など、公衆衛生の向上または児童の健全な育成に必要で、本人の同意を得ることが困難な場合

・犯罪捜査など、国、自治体等の定められた事務を遂行する場合で、本人の同意を得ることで事務の遂行に支障がある場合

また、「委託」「事業の継承」「共同利用（あらかじめ共同利用を本人に通知している）」の場合は、そもそも個人情報の第三者提供には当たらないので、同意はいらない。

この第三者提供に関しては、オプトアウトが一定の要件の下に許容されている。オプトアウトとは、もし第三者提供を本人が拒否した場合は直ちに提供を停止するという方法である。

住宅地図業者、ダイレクトメール業者等がこのオプトアウトによる個人情報の第三者提供を行う場合は、以下の条件を守れば、本人の事前の同意はいらない。

第2部　キャッシュレス社会の実情と課題

① 必要な事項（利用目的、提供される項目、提供方法、本人の求めがあれば
提供を停止すること、本人の求めを受け付ける方法等）をあらかじめ本人
に通知または容易に知りうる状態に置くこと

② 「個人情報保護委員会」へ届出すること

#### (D) ビッグデータの活用、匿名加工情報の取扱い

特定の個人を識別することができないように個人情報を加工して得られる
情報で、当該個人情報を復元することができないようにしたものを「匿名加
工情報」という。

2003年の個人情報保護法制定で、日本では個人情報の利用が基本的に非常
に難しくなった。そのため個人情報による新たなビジネスの萌芽が摘まれな
いように、また世界の巨大な個人情報利用企業と対等に競争するため、2015
年改正でルールを明確化にし、ビッグデータを自由に活用できるようにする
ことが目的で、匿名加工情報という概念が法定化された。

匿名加工情報は、次のルールを順守することにより、本人の同意なく第三
者提供が可能となっている。

① 作成に関する義務

・適正な加工

・加工方法等の情報の安全管理措置

・匿名加工情報に含まれる情報項目の公表

② 第三者提供に関する義務

・提供する情報項目および提供方法の公表

・提供先に匿名加工情報である旨を明示

③ 利用に関する義務

・識別行為の禁止

・安全管理措置の実施

#### (E) 情報主体の個人を守る開示・訂正・利用停止等の権利

プライヴァシー権とは、「自己情報のコントロール権」であるという考え
方が現在の先進諸国の定説である。人は社会の中でさまざまな社会経済活動

112

第3章　キャッシュレス時代の個人情報・信用情報

を行い、必然的に自己の情報を第三者の事業者等に同意のうえで提供している。この自己の情報が正確かどうかで人の社会・経済生活は大きく影響される。

　情報を守ることは自分を守ることである。開示の請求（2015年改正で「請求権」と位置づけられた）と訂正、利用停止等（停止および消去）の権利は個人情報保護法で最も重要な部分である。

　ただし開示請求できるのは、保有個人データ、すなわちコンピュータ処理でかつ6カ月以上保有されている（保有見込みを含む）個人データである。

　開示の請求が本人からあると、事業者は遅滞なく保有個人データを開示しなければならない。しかし濫訴を防ぐため、開示請求に係る訴訟は、開示請求から2週間経過しないと起こせない。

　事業者が開示をしなくてよい場合は、次の場合のみである。

・本人または第三者の生命、身体、財産その他の権利利益を害するおそれがある。

・当該事業者の業務の適正な執行に著しい支障を及ぼすおそれがある。

・他の法令に違反することになる場合

　次に、保有個人データが事実と異なる場合、本人はデータ内容の訂正、追加、削除を請求できる。事業者は調査の結果に基づき必要な対応を行わなければならない。

　また、本人の同意なしで、または不正の手段で取得されたデータについて、利用停止等の請求があった場合で、その請求に理由があることが判明した場合は、事業者は遅滞なく利用と第三者提供を停止しなければならない。

### (3)　個人情報保護法の成立と2015年改正

　個人情報保護法はどのような経緯で成立したのか、そしてもっとも最近の改正である2017年改正のポイントについて述べる。

#### (A)　100年間の歴史的な経緯、個人情報保護法ができるまで

　19世紀末のアメリカでは、黄色い紙の新聞がゴシップ記事やフェイクニュースを流しており、多くの心ある人々は非常に不快に感じていた。これ

第2部　キャッシュレス社会の実情と課題

を当時は「イエロージャーナリズム」といった。

　ボストンの弁護士ウォーレンとブランダイスは、共同で「プライヴァシーの権利」という論文を発表し、人には「一人にしておいてもらう権利」があると訴えた。これが端緒になり、この後20世紀前半においてアメリカではプライヴァシーをめぐるさまざまな裁判が行われ、次第にプライヴァシー権が認められるようになる。

　我が国では、1961（昭和36）年に、三島由紀夫作「宴のあと」に対し、小説のモデルにされた人物がプライヴァシー侵害の訴えを起こした。その結果、この小説はプライヴァシーを侵害しているとして、著者に慰謝料の支払いを命ずる判決が出た。判決理由では、「私生活をみだりに公開されない権利」という表現でプライヴァシー権を説明している（東京地裁昭和39年9月28日判決）。この後我が国でもプライヴァシーをめぐる裁判が次々と起こされた。

　国際的には、1980（昭和55）年に我が国も参加するOECD（経済開発協力機構）から「プライバシー保護と個人データの国際流通に関するガイドラインに関する理事会勧告」が出された。これは、個人情報に関し、収集、提供、管理、参加等の8原則を示し、加盟国に法制化を要請するもので、この後我が国でも法制化の検討が始まった。

　我が国では、1988（昭和63）年に「行政機関の保有する電子計算機処理に係る個人情報の保護に関する法律」（現「行政機関の保有する個人情報の保護に関する法律」）ができ、そして2003（平成15）年に民間部門を規制する個人情報保護法が成立した。

### (B)　個人情報保護法の仕組みと監督官庁

　個人情報保護法はその対象範囲が広いこともあり、法の実効性を担保するため、法律をベースに事業者が守るべき具体的な指針として「個人情報保護委員会ガイドライン」が公表されている。さらに金融庁や厚生労働省、総務省などが分野別のガイドラインやガイダンスを公表し、細かいルールを設けている。

　これらを受けて個人情報取扱事業者は、金融、医療、通信など業界ごとに

「個人情報保護指針」を作成し、各事業者は自社の「保護方針」を作成することになっている。このようにこの法律は、重層的に個人情報保護の仕組みを設けている。

個人情報保護法の所管は、2003年の成立時点では各事業者を監督する省庁の長が「主務大臣」であったが、「消費者庁」を経て2016年1月より専門の役所である「個人情報保護委員会」に変わった。同委員会は、「行政手続における特定の個人を識別するための番号の利用等に関する法律」（マイナンバー法）も所管しており、我が国における個人情報保護の監督、指導、相談の最高機関である。

(C) 罰則の適用など、実効性担保の仕組み

法の実効性を担保するには、罰則が必要である。個人情報保護法には、直接違反者を罰する規定と、改善命令に従わなかったときに科される罰則がある。

まず、違反行為を直接罰する規定（個人情報保護法83条）は、「個人情報取扱事業者若しくはその従業者が業務上取扱った個人情報データベース等を自己若しくは第三者の不正な利益を図る目的で提供又は盗用したとき」とある。これは2015年改正で新設された規定で、1年以下の懲役または50万円以下の罰金（両罰規定有）を科される。

次に、間接的な罰則（個人情報保護法42条、84条）として、個人情報保護委員会が個人情報取扱事業者等に勧告・命令を行い、事業者がその命令に従わなかった場合に適用されるもので、6カ月以下の懲役または30万円以下の罰金を科される。

(D) 個人情報保護法の大改正、2015年改正の目的と内容

2015年改正の目的には、「情報の自由な流通とプライヴァシー保護等の調和に配慮したパーソナルデータの利活用のルールの明確化」とある。

つまり、2003年に制定された個人情報保護法では、①一部で行き過ぎた保護により、災害時の対応が柔軟にできない、学校や自治会の名簿などがつくられなくなり日常の地域活動に不便を来したなどの反省と、②ビッグデータ

第2部　キャッシュレス社会の実情と課題

を活用したビジネスの展開に日本が遅れをとることへの対策などから、大幅な見直しが行われ、法の適用範囲や運用の明確化と、保護一辺倒から個人情報の活用の方向へ舵を切るような改正も行われた。

　主な改正点は、次のとおりである。

①　個人情報の定義の明確化のため、個人識別符号と要配慮個人情報の規定を新設した。

②　個人情報の活用のため、匿名加工情報（ビッグデータ）の規定を新設した。

③　名簿屋対策として、トレーサビリティの確保のため第三者提供の記録作成義務を設けるのと同時に、オプトアウトによる第三者提供を行う場合には、個人情報保護委員会に届け出ることを義務づけた。

④　法執行の強化のため、主務大臣の権限を個人情報保護委員会に一本化し、直罰規定を新設するなど罰則の強化をした。

⑤　法適用の抜け道をなくすため、保有個人情報が5000件以下の小規模事業者も法の対象とした。

個人情報保護法は、法適用の範囲が広く、関係する行政機関、地方公共団体、業界、企業等は多岐にわたっている。そのため法制定時から細かく具体的な運用ルールがそれぞれ設けられている。上記の個人情報保護法の解説は、法の根幹部分を簡便に記述している。実際ほとんどの規定には、たくさんの適用除外や「除外の除外」などの複雑な運用が付いている。しかしこの稿ではあえてそのような除外規定の記述を省き、シンプルにわかりやすく書いた。法の正確な理解には、条文等の参照を必ず行っていただきたい。ここでは法の概要と重要な骨格を理解していただければ幸いである。

## 2　信用情報の知識

　信用情報は、現代人の経済生活に必要な血液のようなものである。信用情報は社会の中を流通し、お金とモノの流れを円滑にしている。我々がクレジットカードや各種ローンをいとも簡単に利用できるのも、裏で信用情報が

与信のシステムを支えているからである。

キャッシュレス社会が健全に発展するためには、信用情報の整備と活用が不可欠である。

### (1) 個人情報と信用情報の違い

信用情報は、〈図表2〉にあるように個人情報の一部である。

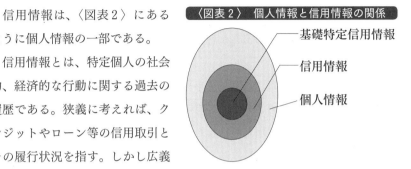

〈図表2〉 個人情報と信用情報の関係
- 基礎特定信用情報
- 信用情報
- 個人情報

信用情報とは、特定個人の社会的、経済的な行動に関する過去の履歴である。狭義に考えれば、クレジットやローン等の信用取引とその履行状況を指す。しかし広義に見れば、銀行、保険、証券、不動産、賃貸借等の取引履歴、またお店や通販での購入履歴、食事やレジャー、旅行等の行動履歴も入る。

さらに人の年齢、住所、居住年数、勤務先、勤務年数、収入、貯蓄、賞罰等の個人の身上に関するすべての情報も、個人の信用を考えるうえでは重要な信用情報である。ただし、病歴など機微に関する情報は入らない。

法的に信用情報が定義されているものとして、割賦販売法の「基礎特定信用情報」(30条の2、35条の3の3、35条の3の56)がある。そこには具体的情報項目として、次のものが挙げられている。

- ・氏名　・住所　・生年月日　・電話番号
- ・勤務先名　・運転免許証等の番号　・クレジット契約年月日
- ・契約番号　・債務額　・年間支払見込み額
- ・支払遅延の有無　・購入商品名、数量

これは最も狭義の信用情報ともいえる。貸金業法41条の35にもほぼ同様の規定がある。

### (2) 信用情報の役割

信用情報は、主にクレジットやローン等の与信判断のため活用されてきたが、現在ではより広い役割があり、重要性を増してきた。信用情報を分解し

第2部　キャッシュレス社会の実情と課題

てみてみる。

### (A)　本人確認のための情報（属性情報）

属性情報により、クレジット等の申込者の存在確認ができる、申込者が本当に存在するか、虚偽申込みではないかを判断する。

次に、過去の利用者等と同一人かどうかの判定がある。名寄せにより同一人とわかれば、過去の信用情報を総合して判断できる。複数与信による多重債務も防止できる。

この名寄せのツールは、氏名、生年月日、住所、電話番号等である。また免許証等の公的証明書の番号も重要なキーになっている。最終的なキーとしては、マイナンバーが利用可能になれば最も確実な名寄せができる。

現在、犯罪による収益の移転防止に関する法律（犯罪収益移転防止法。2007（平成19）年制定）で、金融機関だけでなくクレジットやローンについても利用者の本人確認が法的に義務づけられているため、クレジット会社等には、利用者の正確で最新の属性情報が蓄積されている。

### (B)　貸倒れ、不払い防止のための情報（異動情報、延滞情報、事故情報等）

昔は、異動情報が信用情報の最も重要なファクターだった。他社の不払者と契約するリスクをいかに防ぐかが、クレジット会社、貸金会社、銀行等の消費者信用を営む会社の最大の課題だった。

異動情報には、自社の取引で生じた延滞情報、貸倒情報に加え、破産、差押え等の公的情報、信用情報機関から入手する他社の情報等がある。

### (C)　多重債務の発生防止、支払能力の判定のための情報（成約情報、残高情報、支払履歴情報等）

クレジットやローン等で、不払者の発生をいかに防ぐかを考えるとき、過去の延滞者等の情報よりもっと重要な情報は、現時点の当該利用者の抱える残債務のトータル情報である。一人の利用者の全残債務は、自社の情報だけでは絶対にわからない。そこで現在は信用情報機関に会員会社がもつ全情報を登録し、借入総額、支払履歴、年間支払予定額、債務残高等を確認するシステムができている。

118

(D) よい情報の積み上げによる信用力の向上も信用情報の役割

クレジットやローンでは、信用の裏づけがない顧客は支払延滞や貸倒のリスクがあり、必然的に高い金利をとらなければビジネスが成り立たない。しかし信用情報等過去の取引の裏づけがありリスクが少ない顧客には、通常より低い金利で信用を供与できるはずである。

よい情報を正確に蓄積して、信用のある顧客によりよい条件でサービスを受けられるようにすることが、本来あるべき信用情報の活きた利用であると言えよう。よりよいサービスとは、与信限度額の引上げや金利、手数料の引下げなどだけでなく、他のさまざまな優遇措置などが考えられる。中国ではアリババの芝麻（ゴマ）信用が有名で実績も上げているが、表面的平等を重んじる我が国では最も遅れている分野である。

### (3) 質的、量的に変化した信用情報

信用情報は、1960年代、1970年代に月賦販売などのクレジット取引に大いに活用された。三種の神器（TV・冷蔵庫・洗濯機）などの消費財の大量生産とサラリーマンなどの勤労中間層による大量消費を下支えし、戦後日本の高度成長をもたらす重要な役割を担った。

信用情報は、お店や企業でそれぞれ保有し利用されていたが、1970年代から1980年代に多くの企業でコンピュータ処理が導入されたことと、また1980年のOECD勧告により先進国では個人情報保護が最優先課題になったことにより、質的、量的に大きく変化する。

1970年代までの古い信用情報は、

・取扱いは、極秘扱い、永久保存、非公表、手作業処理であり、

・取得は、電話帳、住宅地図、各種名簿等の外部情報または実地調査からであった。

しかし1980年代以降の新しい信用情報は、

・取得は、本人の同意が原則で、また法に基づく信用情報機関からの取得が可能となり、

・取扱いは、古い情報の廃棄、本人への開示、コンピュータ処理、目的外

利用の禁止などのルールが適用されるようになった。

1980年代からのコンピュータ導入で、信用情報の保有と利用は幾何級数的に拡大する。同時に通信回線の自由化が行われため、ネットワークを介したオンライン処理の導入で、信用情報の活用は信用情報機関の利用件数だけを見ても、一日数十万件から数百万件へと飛躍的に増大した。

### (4) 信用情報の経済的価値

このように変化してきた信用情報であるが、なぜ信用情報が必要とされるのか、またなぜ信用情報機関が存在するのかなど、信用情報の経済学的位置づけと必然性についての研究が米国では進んでいる。信用情報の理解を深めていただくため、その一部を紹介する（藤原七重＝坂野友昭「個人信用情報の経済的価値—米国における先行研究のレビュー」（早稲田大学消費者金融サービス研究所）より引用）。

① なぜ信用情報が必要か（逆選択の問題）[Stiglitz & weiss 1981]

「信用情報が未整備で、貸し手が良い借り手と悪い借り手の区別ができない場合、すべての借り手に全体の平均的な金利が課される。しかし良い借り手はこの高い金利をきらって市場から脱落する。すると顧客基盤が縮小し、残った顧客にはさらに高い平均金利が課されることになる」。

② なぜ貸し手は情報を共有するのか [Pagano & Japelli 1993]

「借り手の移動性と異質性は、貸し手が自分だけの情報に基づいて与信の判断をすることを控えさせ、他の貸し手が持つ信用情報に対する需要を喚起させる。この必要性は市場の規模拡大とともに増加し、さらにコンピュータ化などにより情報共有のコストが低下すると、情報共有から得られる利益も増加する」。

③ なぜ信用情報機関は存在するのか [Padilla & Pagano, 1997]

「情報共有は、逆選択とモラルハザードの影響を軽減することにより、貸し手の直接的な利益につながる。しかし情報共有は、時の経過とともにより良い借り手を確保しようとする競争につながり、それは既存の貸

し手が享受している情報優位を侵害する。そのため貸し手は良い借り手の情報を隠そうとする」。

「しかし情報機関の正確性を保証する強制執行メカニズムが確立され、他の貸し手と正確な情報を共有することができれば、それはすべての情報共有者の利益につながる。第三者である信用情報機関は、情報収集機関と強制執行機関の二つの役割を担っている」。

「結論として、情報共有が行われ顧客と貸し手との関係が深まるにつれ、金利及び延滞率は平均すると低くなり、貸付額も増加する」。

## 3 信用情報機関の知識

キャッシュレス社会を下支えしているものが個人信用情報であることは前に述べた。消費者が利用するお店やクレジット会社、金融機関等が持つ信用情報は膨大な数量になっている。その大量の個人信用情報を、クレジット会社や金融機関から登録させ管理するのが信用情報機関である。信用情報機関（以下、単に「機関」ともいう）がなければ、逆選択とモラルハザードが起きる。健全なキャッシュレス社会には整備された機関が必要不可欠である。

機関には、消費者のスマホ返済や奨学金の不払情報なども保有されている。しかしほとんどの方が新規のカードやローンを申し込んだときに契約を拒絶されて、初めて気がづくことが多い。これまで我が国の機関についてきちんと書かれたものが少なく、学校教育などでも取り上げてこなかった。そのため未だにブラック情報の機関というイメージも強い。

ここでは、機関の規模や保有情報、法的な位置づけなどの現状と成立の経緯等について説明する。

### ⑴ 我が国の主な三つの信用情報機関と情報交流

我が国の機関は、約半世紀前からクレジット、貸金、銀行の業界で誕生し、現在三つの大きな機関が存在している。

多重債務問題や自己破産問題など大きな社会問題が起きると機関の役割と重要性が認識され、情報の統一が叫ばれるが、機関をつくり運営してきた業

第 2 部　キャッシュレス社会の実情と課題

### 〈図表 3 〉　我が国の信用情報機関

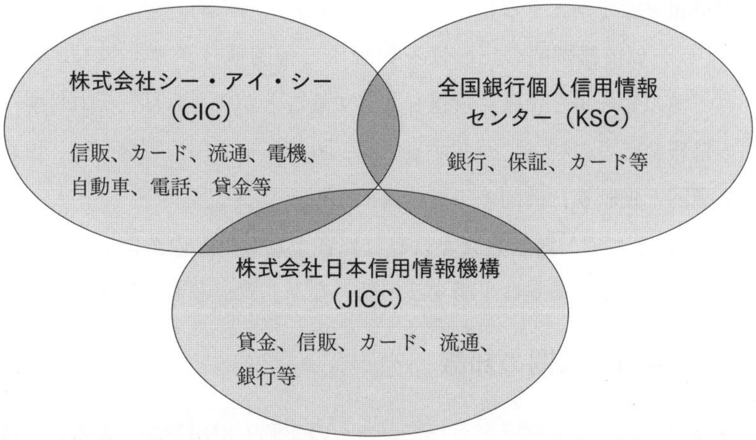

株式会社シー・アイ・シー
（CIC）

信販、カード、流通、電機、
自動車、電話、貸金等

全国銀行個人信用情報
センター（KSC）

銀行、保証、カード等

株式会社日本信用情報機構
（JICC）

貸金、信販、カード、流通、
銀行等

### 〈図表 4 〉　各信用情報機関の概要

| | 現組織の事業開始（組織設立） | 会員数（2018年 6 月） | 保有情報量（2018年 6 月） | 照会件数（2018年 6 月度） |
|---|---|---|---|---|
| 全国銀行個人信用情報センター（KSC） | 1988年（1973年） | 1170社 | 9716万件 | 85万件 |
| 株式会社シー・アイ・シー（CIC） | 1985年（1965年） | 934社 | 7 億6372万件 | 1696万件 |
| 株式会社日本信用情報機構（JICC） | 2010年（1972年） | 1375社 | 3 億9974万件 | 1179万件 |

界から見ると、血と汗と涙で集めた業界の情報を簡単に他業界には見せたくないというエゴが働く。実際ビジネス上では企業同士は厳しい競争を行っている。その影響を受け、半世紀にわたり機関は対立と協調を繰り返してきた。

　業界の競合と機関の分立問題に一つの結論を出したものが、2006（平成18）年の貸金業法改正と2008（平成20）年の割賦販売法改正である。両改正により、国による機関の指定制度、機関の業務と情報の範囲、会員の情報登録・照会義務等が明確になり、現在の三機関体制が確定した。

機関の情報の利用は、機関の会員でなければできない。しかし機関相互のシステム連携により、我が国では次の2種類の情報交流が行われている。

① 異動・事故情報の交流：CRIN（credit information network）

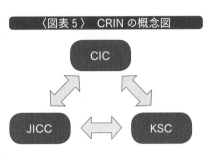

〈図表5〉 CRINの概念図

多重債務防止のため三業界（銀行、クレジット、貸金）で、各機関の保有する延滞等の異動・事故情報のみを交流するシステムを自主的につくり上げ、1987（昭和62）年3月より実施している。CRIN（クリン）はいずれかの機関の会員であれば、他機関の異動・事故情報を検索できるシステムである。

② 貸金情報の交流：FINE（financial information network）

〈図表6〉 FINEの概念図

クレジットやローンの利用過多などで2003（平成15）年に自己破産が年間23万件を超え、多重債務問題が政府、国会の重要課題になった。そして2006（平成18）年に改正貸金業法が成立し、多重債務防止のため指定信用情報機関間で貸付残高等の情報交流をすることになった。FINE（ファイン）は2010（平成22）年3月から実施している。

(2) **信用情報機関が保有する個人情報とセキュリティ**

(A) **保有する個人情報**

機関の成立にかかわり現在も利用している多くの会員の要請で、それぞれの機関の保有情報は決められている。割賦販売法や貸金業法などで定められた情報の範囲はもちろん含むが、機関が保有する情報の範囲はもっと広い。

ここでは、最も情報量の多いCICの保有情報について記載する。

① まず最も数量の多い成約情報は、クレジットカード、個品割賦、貸金、

123

信用保証等の消費者契約の内容で、下記の情報である。

　　属性情報：氏名、生年月日、住所、電話番号、勤務先、運転免許証番号等

　　契約内容：契約日、契約内容（商品名、支払回数等）、契約金額、残債額、保証人等

　　支払情報等：入金、未入金、延滞発生、延滞中、延滞後完済、貸倒れ償却、支払可能見込額（年間）

②　次にまだ成約ではないが、会員が機関に照会した申込情報は、下記の情報である。

　　属性情報：氏名、生年月日、電話番号、運転免許証番号等

　　申込内容：照会日、商品名、契約予定額、支払予定回数等

③　機関（CIC）が保有するその他の情報

・調査中の注記（「この情報は調査中なので注意」等）

・本人申告情報（自己の情報についての100字以内の申告）

・貸金業協会依頼情報（貸金業協会から依頼された紛失盗難、与信止め申出など）

・電話帳掲載情報（公開された電話帳に載っている情報）

(B)　機関のセキュリティ

　次に機関のセキュリテイについての概要である。機関のセキュリティは保有情報の性格上、国内で最も厳しいレベルにある。しかしまさにセキュリティのため詳しい内容を書くことははばかられるので、ここではJICCのホームページで公表されているセキュリテイ対策の概要を記載する。

〔1　組織的安全管理措置〕

(1)　個人データの管理責任者などの設置

(2)　就業規則などにおける安全管理措置の整備

(3)　個人データの安全管理に係る取扱規程に従った運用

(4)　個人データの取扱状況を確認できる手段の整備

(5)　個人データの取扱状況の点検および監査体制の整備と実施（各部門ご

とに毎月1回の点検、監査部による内部監査、外部の第三者による外部監査）

(6) 漏洩事案などに対応する体制の整備

〔2　人的安全管理措置〕

(1) 従業者との個人データの非開示契約などの締結

(2) 従業者への安全管理措置の周知徹底、教育および訓練

〔3　物理的・技術的安全措置〕

(1) 個人データ処理施設の保護（信用情報データベースへのアクセス可能な端末は、入退室が制限された専用区画に設置）

(2) 盗難防止対策（会員会社との媒体授受は、データを暗号化）

(3) 機器・装置などの物理的な保護（大地震などの自然災害発生時に信用情報を適切に保護できるようにバックアップセンターを設置）

(4) 個人データの利用者の識別および認証（信用情報データベースへのアクセスは、独自の認証方式によって照会する手段・場所・人を特定）

(5) 個人データの漏洩・き損など防止策（独自の通信プロトコルの採用、ファイヤーウォールなどの設置）

(6) 個人データのアクセスの記録および分析（アクセスログを取得し、不適切な利用を常時モニタリング）

〔4　従業員の監督〕

・電子メール監視・インターネットのアクセス制限・ビデオカメラによるオフィスフロアの監視・オフィスへの持込制限（カメラ付き携帯）

〔5　委託先の監督〕

（立入り検査などを実施し、契約内容の遵守状況を確認）

### (3)　信用情報機関の役割の変化と法的な位置づけ

　機関の役割は、クレジットやローンが発展していた初期の頃、1965年から1985年頃までは、不良債権の発生防止、つまり不払い情報や延滞情報等の登録による新規申込者の信用チェックが中心だった。

　しかし、クレジット・ローン等の急成長とともにコンピュータが導入されると、機関は発展期を迎え、1985年から2007年頃までの機関の役割は、不良債権の発生防止から多重債務の未然防止、つまり債務残高や利用履歴等の登録による、優良顧客の獲得に移っていく。

**125**

第 2 部　キャッシュレス社会の実情と課題

　そして2006年の貸金業法改正、2008年の割賦販売法改正により、機関は法律に指定された公的な存在になり、不払いの防止や多重債務の防止からさらに進んで、クレジットやローン等を利用する消費者個人の支払能力の判定を行うための必要な情報を収集し提供する機関となった。

　もちろん法的な要件以外でも機関の役割はある。過去の購買履歴やよい支払情報の提供による、優良顧客の与信限度額の引上げや、金利の引下げなどの会員のサポート情報の提供である。

　また会員は機関の情報を活用して、

・申込者の本人確認⇒免許証番号、生年月日、電話番号、住所等

・虚偽申込みの防止⇒電話一致で氏名不一致等

・名寄せ⇒結婚や養子縁組による改姓や転居に対応

・情報のとりまとめ⇒複数の情報をカテゴリーごとにまとめる

なども行っている。

　貸金業法と割賦販売法に基づき、機関は国の指定する組織となり、国民にクレジットやローンの過重な負担を負わせないように、債務残高等の整備された信用情報を提供することが役割になる。両法には次のように定められている。

①　貸金業法13条、13条の 2 （2006年改正）

　　貸金業者は顧客の借入総額を客観的に把握するため、指定信用情報機関に借入額の登録を行い（同法41条の35）、必ず機関の情報を確認したうえで、貸付額を年収の 3 分の 1 以内に制限しなければならない。

〔貸金業法の指定信用情報機関〕

・株式会社シー・アイ・シー（CIC）

・株式会社日本信用情報機構（JICC）

②　割賦販売法30条の 2 、35条の 3 の56（2008年改正）

　　信用購入あっせん業者は指定信用情報機関にクレジット残高と「年間支払見込額」の登録を行い、信用購入あっせん業者は必ず機関の情報を確認し、支払能力を超えるクレジット契約を締結してはならない。

第3章　キャッシュレス時代の個人情報・信用情報

〔割賦販売法の指定信用情報機関〕

・株式会社シー・アイ・シー（CIC）

## ⑷　日本の信用情報機関

　繰り返しになるが、我が国の機関は現在三つある。もともとクレジット、貸金、銀行の三業態が母体となって、昭和40年代にそれぞれ設立され、約半世紀の歴史を経て現在の形になった。各業態でどのような経緯で機関が設立されたか簡単に述べる。

### (A)　割賦金融問題により設立されたクレジット業界の信用情報機関

　1965（昭和40）年、我が国最初の信用情報機関「信用情報交換所」が設立された。設立母体は、割賦制度協議会（現日本クレジット協会）で、参加業界は電機、自動車、ミシン、楽器、カメラ、百貨店、月賦百貨店、信販、中小小売商団体等のクレジット業界で、発足時の会員数は64社だった。

　信用情報交換所設立の背景は、昭和30年代から40年代にかけての高度経済成長で消費は増加し、割賦販売は急拡大した。しかし金融機関の融資は重厚長大産業が中心で、割賦のような消費者向け融資は顧みられず、クレジット各社は運転資金に困っていた。

　各社は基本的に自社や親会社の信用で融資を受けていたが、増加する需要に対応できないため、割賦債権を担保に融資を受けることを考えるが、当時は割賦債権には担保価値なしと見られていた。割賦債権を担保にするためには、信用のある信用調査機関のお墨付きが必要になる。

　そこで、関係業界や通産省が協議した結果、1965（昭和40）年9月に業界の総合的な信用調査機関として信用情報交換所が設立された。

　その後信用情報交換所は他機関との合併等を経て現在の株式会社シー・アイ・シー（CIC）になる。

### (B)　不払顧客の対応からできた貸金業界の信用情報機関

　昭和40年代初めごろに各地で勤労者向けの無担保金融が産声を上げた。旧来の貸金業者と違い、不動産等の担保も取らずに貸金を行う業者は珍しく、中小経営者、中間勤労者層、主婦層などが利用した。

**127**

第2部　キャッシュレス社会の実情と課題

　信用調査の方法は、勤務先（公務員、上場会社等）と住所地（入居条件の厳しい公営団地等）の確認（免許証、保険証等）を行うだけで至極簡便だった。昭和40年代前半のイザナギ景気の波にも乗り、利用者は急増した。

　しかし顧客の増加に伴い、不払いや詐欺なども増えていき、不払顧客情報（信用情報）の交換の必要性が高まった。

　そこで大阪地域で1969（昭和44）年に旧来の貸金業者とは一線を画して、新しい業態の業者11社（アコム、プロミス、レイク等）が集まり、信用情報交換を視野に入れた独自の団体、「日本消費者金融協会（JCFA）」を設立した。

　このJCFA会員の貸金専業者11社が中心になり、1972（昭和47）年独自の機関「株式会社レンダーエクスチェンジ（LE）」を設立する。

　同時期に東京でも無担保金融の業者が集まり、日本情報センター（JIC）やジャパンデータバンク（JDB）などの機関を設立する。

　昭和40年代から50年代にかけて、全国各都市で貸金業者の機関が続々誕生する。これらは株式会社や協同組合のものが多く、1976（昭和51）年に全国組織「全国信用情報交換所連絡協議会」を結成する。現在は発展的に統合され株式会社日本信用情報機構（JICC）になった。

　(C)　不渡り情報からできた銀行業界の信用情報機関

　昭和40年代後半の歴史的な金融緩和により銀行の融資方針がホールセールからリテールへ変化した。このため銀行が取り扱う丸専手形や住宅ローン等の消費者向け商品が急増し、消費者の信用調査の効率化と機関の設置が求められた。また銀行業界のライバルである、郵便貯金の個人貸出業務が開始されたことへの対抗という面もある。

　もともと銀行業界では、手形の不渡り情報、取引停止情報を「手形交換所」で共有をしており、新しい機関は手形交換所をベースにしてより効率的な情報センターに改編したものだった。

　1973（昭和48）年に設置母体の全国銀行協会（全銀協）は、まず東京地区に「社団法人東京銀行協会個人信用情報センター」を設立した。新機関への参加業界は、東京・横浜銀行協会会員、手形交換所の会員、銀行系クレジッ

トカード会社、銀行系保証会社、住宅ローン会社などで、発足時の会員数は
395社であった。

この後昭和40年代から50年代に各地区銀行協会に「個人信用情報センター」
が設けられる。コンピュータ処理の導入により、1988（昭和63）年に組織が
一本化され、現在の全銀協「全国銀行個人信用情報センター」となる。

### ⑸　世界の信用情報機関

日本の機関は、クレジット、貸金、銀行の各業界により、それぞれ独自に
設立され独自の発展を遂げてきた。そして世界各国の機関もまた、各国の事
情によりそれぞれ設立され、発展してきた。

国際金融公社（IFC）の作成した、世界の信用情報機関整理リストによれば、
現在世界110カ国に202の信用情報機関が存在するといわれている。

機関は、北米や西ヨーロッパおよび日本などの政治的、経済的に安定し、
法制度が整った国において、主に第二次大戦後の消費者信用事業の発展に
伴って出現し、さらにコンピュータおよび通信技術のイノベーションにより
大規模に発展普及した。

しかし政治的、経済的に安定していない国や、宗教的に消費者信用が認め
られない国、および経済が国家統制の下にある国では、消費者信用が制度と
して普及しておらず、機関も存在していない。

初期の機関は、分割払い等の支払約束を守らない一部の消費者に対抗し、
信用供与業務の健全性維持のため、信用調査会社や債権回収会社、また銀行
や信用供与会社等によって設立された。

その中には、みなし法人や中小企業などの法人情報を取り扱う機関も存在
し、多くは個人と法人の両方の信用情報を取り扱っている。

機関に関する法律の規制は各国でそれぞれであるが、プライバシー保護の
観点から、登録と利用の本人同意、信用情報の目的外利用の禁止、情報主体
の開示・訂正権、機関の機密保護・安全保護などは、多くの国で義務づけら
れている。

消費者信用の発展により、1990年代以降に新たに機関が設立された国で

129

は、法律の規定により中央銀行等が機関を運営している場合や、民間の機関を政府が許認可している場合が多い。

　各国の機関は、もともと国内のみで事業を行っていたが、1980年代以降になると米国の３大機関が欧州やアジア等に進出し始める。これに刺激され各国で機関の設立が活発になった。我が国にも米国の大手機関TRWが上陸を試み、1980年代に独立系の機関であるセントラルコミュニケーションビューロー（CCB）と業務提携し、CCBの株式の一部を保有するという動きもあったが、我が国では、すでにクレジット系のCIC、貸金系の全国信用情報センター連合会（全情連。現JICC）、銀行系の個人信用情報センター等の業態別機関が確立されており、参入することはできなかった。

## 4　カードの法規

　我が国のキャッシュレス決済は、圧倒的にクレジットカードの利用が多い。そしてほとんどのクレジットカードには、モノやサービスの購入とお金を借りることの二つの機能がある。この二つの機能には別々の法律があり、別の監督官庁がある。

　戦後すぐに現れたチケット、クーポンという我が国独自の形態を含めると、クレジットカードの歴史は70年以上になる。2017（平成29）年末現在２億5088万枚発行（日本クレジット協会「日本のクレジット統計2017年（平成29年）版」７頁）されているクレジットカードの急激な発展に伴い、関係の法律は変化した。

　この項ではクレジットカードの今の法規について解説する。理想形ではないがこれが現在の日本のカードの状況である。

### (1)　縦割り行政と法のギャップ

　現在クレジットカードの物販機能には「割賦販売法」、貸金機能には「貸金業法」の二つの法律が適用され、それぞれの法律を所管する経済産業省と金融庁とが監督している。

　なぜこのような複雑な体制になったのか。それを知るには戦後の歴史を紐

第3章　キャッシュレス時代の個人情報・信用情報

解く必要がある。

　我が国には昭和20年代から商店街や信販会社が行っていた、チケット・クーポンという制度があった。チケット・クーポンのメリットは、高額な商品を分割払い（割賦）で買えることであった。

　政府は、このチケット・クーポンを1961（昭和36）年制定の割賦販売法の中で定義し、業者を登録制度などで規制した。クレジットカードの物販機能はこのチケット・クーポンの延長線上に位置づけられる。ただし、割賦販売法という法律はあくまで分割払いが対象のため、カードの１回払いは対象にならないという法の隙間（ギャップ）が生じた。

　一方、昭和40年代に無担保、無保証の貸金業が盛んになり、その後カードをツールにして貸金が行われるようになる。特に昭和50年代に磁気ストライプ付きカードが出現し、街中のキャッシュディスペンサーでキャッシングが可能になると、爆発的に貸付高が増大した。

　キャッシングが盛んになると、弊害も生じてくる。昭和50年代後半にサラ金問題、多重債務問題等が起き、その対策のため1983（昭和58）年に貸金業の規制等に関する法律（貸金業規制法。後に貸金業法と名称変更）が制定された。このときカードの貸金機能は貸金業法の中に位置づけられた。

　ただし、銀行自体が行うカードローンなどの貸金は、貸金業法に規制されないという法のギャップも生じた。

### ⑵　１枚のカードに適用される法規制から見たギャップ

　わかりにくい法のギャップを、１枚のカードに適用される法規制で見てみよう。例として、普通のカード会社と銀行が発行するクレジットカードの適用法規を比較してみる。まず、普通のカード会社が発行するクレジットカードの適用法規は、次のとおりである。

〔カード会社が発行するクレジットカード〕
・物販……１回払い　⇒　カード番号の保護のみ割賦販売法
　　　　　分割払い・リボルビング払い　⇒　割賦販売法法

第2部　キャッシュレス社会の実情と課題

・貸金……貸金業法（総量規制あり）

次に銀行が発行するクレジットカードの適用法規は、次のようになる。

〔銀行が発行するクレジットカード〕
・物販……1回払い ⇒ カード番号の保護のみ割賦販売法
　　　　　　　分割払い・リボルビング払いは ⇒ 割賦販売法
・貸金……なし（総量規制もなし）

となる。まことにに複雑である。おわかりいただけただろうか。

　法規制が単に複雑なだけであれば、業界が努力すればよいのだが、このような複雑な法規制が行われると弊害も大きくなる。問題の主なものを次に挙げる。

　まず〔消費者から見た問題〕は次の諸点である。

・カードについての法規制がわかりにくい。

・消費者保護の統一的対応が不十分である。

・過剰与信防止対策がバラバラである。

〔業界から見た問題〕は次の諸点である。

・二つの規制法が複雑かつ詳細にわたっているため、対応するシステム等を別々につくる必要がありコストがかかる。

・定期的な業務検査、監督が両省庁およびそれぞれの認可・認定団体から行われており、その対応のため、企業だけでなく監督を行う行政・団体も時間と経費がかかる。

### (3)　カードに関する法律

　割賦販売法と貸金業法以外にもカードに関する法規制はある。両法を含め、カード関係法をわかりやすく比較する。

#### (A)　割賦販売法

　割賦販売法の目的は、割賦販売に係る取引の公正の確保と購入者等が受け

132

ることのある損害の防止、およびクレジットカード番号等の適切な管理である。そのため、信用購入あっせん業者の登録制度と自主規制団体（日本クレジット協会）の設置、書面交付等の行為規制、支払停止の抗弁やクーリングオフなどの民事ルール、過剰与信防止のための支払可能見込額の算定等の規定を設けている。

割賦販売法の対象取引は、物品や役務の分割払い（2カ月以上でボーナス一括を含む）と物品や役務のリボルビング払いであり、具体的には、自社割賦、個別信用購入あっせん（個品割賦）、包括信用購入あっせん（クレジットカード）などが入る。法の適用除外は、1回払いのほか、不動産、商行為などである。

### (B) 貸金業法

貸金業法の目的は、貸金業者の登録制度と認可団体（自主規制団体・日本貸金業協会）の設置、資金需要者等の保護、並びに過剰与信防止のための貸付額の総量規制である。

貸金業法の対象は、金銭の貸付け、または金銭の貸付けの媒介を業として行うもので、消費者だけでなく企業への貸付け、手形割引等も含むが、銀行は適用除外である。

### (C) 資金決済法

資金決済に関する法律（資金決済法）の目的は、銀行等だけに認められてきた資金決済、為替取引を、銀行以外の登録資金移動業者に少額（100万円以下）に限って認めること、および商品券、プリペイドカード、ギフト券などの前払式支払手段についての消費者の保護、並びに仮想通貨交換業者の登録を行うことである。

資金決済法の対象は、プリペイドカード、商品券、ギフト券等の前払証票業者、資金移動業者、エスクロー業者、仮想通貨交換業者である。サーバー管理型電子マネーも含む。

### (D) 犯罪収益移転防止法

犯罪収益移転防止法の目的は、マネーロンダリング等による犯罪収益の移

第2部　キャッシュレス社会の実情と課題

転を防止するため、対象取引ごとに顧客の本人特定、取引目的、職業等の確認、本人確認記録、取引記録の保存（7年間）、および疑わしい取引の届出などを義務づけした。もし顧客が本人確認に応じない場合は取引に応じないことが可能という厳しい内容である。

　犯罪収益移転防止法の対象となる特定業者は、金融機関、リース会社、クレジットカード会社、貸金業者、貴金属店、弁護士、司法書士、行政書士、公認会計士、税理士等である。

　　(E)　その他

　その他にクレジットカードに関係する法規としては、民法、消費者契約法、出資の受入れ、預り金及び金利等の取締りに関する法律（出資法）、利息制限法、債権管理回収業に関する特別措置法（サービサー法）、破産法など多岐にわたっている。

### ⑷　カード法規の特殊性

　　(A)　クレジットクライシスとカード法規の改正

　クレジットやローン等の消費者信用の発展と普及は、多くの勤労中間層の生活向上を支え、物質的な豊かさを社会全体にもたらした。しかし自動車が普及すると交通事故が増えるのと同様に、クレジットやローンの使い過ぎや借り過ぎに、病気や失業等が絡むことで返済不能に陥る人々も増加した。

　初めてのクレジットクライシスは、1980年代前半に起きた。主に新興の貸金業者による顧客の返済能力を無視した競争的貸し込みが原因で、「サラ金パニック」と呼ばれた。1983年には消費者破産が1万7000件を超え、新聞等のマスコミで無軌道な貸付けの実態が報道された。その1983（昭和58）年に、貸金業者の規制強化のため貸金業規制法が成立する。

　二度目のクライシスは、10年後の1990年代前半にやってくる。バブルに浮かれた若年層がカードを使って贅沢品を買いレジャーに遊興費を使うが、1991年から翌年のバブル崩壊で失業や賃金カットに遭い、返済に窮して破綻した事例が多くあった。これは当時「カード破産」と呼ばれた。消費者破産はまたまた大幅に増加し、1992年には4万件を超え大きな社会問題になる。

第3章　キャッシュレス時代の個人情報・信用情報

三度目のクライシスは、また10年後の2000年代前半にくる。消費税値上げによる消費不況と金融機関等の破綻の影響で失業増と賃金低下が起こり、2002年の失業率は5％を超え、2003年には消費者破産が過去最高の24万件超えになる。多重債務者の救済が叫ばれ、ついに2006（平成18）年に貸金業法が大改正されて、法律で個人への貸付上限を定めた総量規制が導入される。また2008（平成20）年には割賦販売法も改正され、こちらはカード等の与信の上限を切るため、支払可能見込額の遵守を法定した。

このような経緯を経て、カードに関係する割賦販売法と貸金業法には、カード与信と貸付けの上限を定める厳しい規定が盛り込まれた。

### (B)　割賦販売法の「支払可能見込額」

支払可能見込額は、利用者等の年収等から生活を維持するために必要な支出と債務などを除いた、1年間のクレジットの支払いに充てられると想定される金額をいう。

年収は自己申告でよいが、不自然な場合はクレジット会社が想定計算を行う。収入のない専業主婦、高齢者、学生等は、生計を一緒にする者と年収を合算できる。他社にどのくらいのクレジット債務があるかの確認は、指定信用情報機関に照会して情報を入手する（3(3)参照）。

ただし少額の特例として、限度額30万円以下のカードを発行するときは、支払可能見込額計算は免除される。

---

〔支払可能見込額計算式（カードの場合）〕

　年間支払可能見込額 ＝ ｛年収 － 生活維持費 －クレジット債務（1年間のクレジット支払予定額）｝× 0.9

〔具体的算定例〕

　年収：256万円　　世帯人数：1人　　居住地：東京都杉並区

　生活維持費：116万円　持家：なし（賃貸アパート）

　クレジット債務：20万円（年間）

　支払可能見込額 ＝（256万－116万－20万）×0.9＝108万円

---

135

第2部　キャッシュレス社会の実情と課題

> ※生活維持費は世帯人数や居住条件により決められている。

### (C)　貸金業法の「総量規制」

　貸金業法の総量規制とは、個人の借入総額を原則として当該人の年収の3分の1までに制限することである。

　貸付け時の3条件（借入希望額、既往借入額、年収）は自己申告だが、もし自社貸付だけで50万円以上、または他社を含めた利用者の借入総額が100万円を超えるときは、源泉徴収票などの証明書を徴求する必要がある。

　しかし上記以外のときは、指定信用情報機関の情報の確認など簡易な審査で、一業者当たり50万円または年収の10％まで貸し付けことができ。

---

〔総量規制計算式〕

　総借入残高　＋　自社の極度額　≦　年収の3分の1

〔具体的算定例〕

　年収：456万円　　　世帯：妻と子3人　　居住地：千葉市　　持家

　借入希望極度額：50万円　　既往借入額（当社残高）：20万円

　他社残高：88万円

　借入可能額　＝（456万×1/3）－20万－88万＝44万円

---

### (5)　消費者（利用者）保護

　クレジットカードの利用者保護の規定は、割賦販売法および貸金業法にあるが、ここでは割賦販売法の主な消費者保護ルールを説明する。

① 　取引条件の表示　　カード取引条件として、次の項目を表示しなければならない。

　・支払期間　　・支払回数　　・手数料率　　・支払総額の算定例

　・限度額　　・特約　等

② 　書面の交付義務　　次の契約内容を記載した書面の交付が義務づけられているが、消費者の同意があれば電磁的な方法でもよい。

第3章　キャッシュレス時代の個人情報・信用情報

・信用購入あっせん業者の名称および住所

・契約年月日　　・支払総額　　・支払分の額、時期、方法

・相談先の名称、住所、電話　　・抗弁に関する事項

・契約解除　　・損害賠償額　　・経済産業省令で定める事項

③　支払停止の抗弁権　　クレジットで商品を購入したとき、販売業者に対して生じている事由がある場合、その事由が解消されるまでクレジットの支払いを停止することができる。

〔抗弁事由の例〕

　・見本カタログと現物との相違

　・商品の引渡しがない、または約束期日に遅延

　・商品に瑕疵がある

　・商品の販売条件になっている役務の提供がない

　・販売方法が、強迫、強要、詐欺などの場合

　・錯誤があった場合

〔適用除外〕

　・2カ月払い以上ではないとき（1回払い）

　・支払総額が4万円未満（リボルビング払いは3.8万円未満）

　・商取引の場合

〔手続〕

　・クレジット会社に「支払停止等のお申出の内容に関する書面」を提出

③　回収業務規制（抜粋）　　回収業務の規制は、割賦販売法には書かれていないが、認定割賦販売協会である一般社団法人日本クレジット協会の自主ルールで、次の禁止事項が決められている。

・威迫行為（暴力的態度、大声、多人数で押しかける、威迫する書面、電報）

・私生活の平穏を害する言動（夜9時から朝8時までの電話・訪問、約束時間以外の連絡、プライバシーに関する事項の公開、正当な理由のない勤務先等の訪問、不退去）

137

第2部　キャッシュレス社会の実情と課題

・返済のための借入れの強要

・弁護士等の介入後の本人への請求

・支払義務のない者への請求または協力要求

④　カード情報の保護　　個人情報保護法で保護されない、クレジット
カード番号（番号のみ）の不正提供、不正取得を禁止している。対象は
包括信用購入あっせん業者と、2カ月払い購入あっせん業者（1回払い
のカードのイシュア）および立替払取次業者（アクワイアラ）である。

本来分割払いとリボルビング払いにのみ適用される割賦販売法だが、
このカード番号の保護の部分はすべてのカードに適用されている。

以上が割賦販売法の消費者保護の主なポイントである。これ以外にも細か
い業務上の規制がある。

### (6)　2016年の割賦販売法改正

2016（平成28）年の割賦販売法改正は、従来の法では監督が及ばなかった、
加盟店とカード取引契約を締結する事業者（アクワイアラ）や決済代行業者
（PSP・payment service provider）に登録制度を導入した。また加盟店等に対
してもクレジットカード番号等の適切な管理や不正使用対策を義務づけした。

①　改正ポイント(1)――カード加盟店のカード番号の保護強化

・加盟店におけるカード情報の非保持化。または PCIDSS（Payment
Card Industry Data Security Stanadard）準拠

・対面取引で偽造カードを使わせないため、決済端末の IC カード対応

・ネット取引のなりすまし防止のため、「3D セキュア」等での本人認
証強化

②　改正ポイント(2)――クレジットカード番号等取扱契約締結事業者の登
録制度

・アクワイアラと決済代行業者（PSP）の登録制度新設

③　改正ポイント(3)――加盟店調査義務

・登録アクワイアラの加盟店の契約時および途上において調査を行う義
務

④　その他

・加盟店での書面交付義務を電子メールも可能に改正

この2016年改正法は、2018（平成30）年6月に施行されている。

# 5　キャッシュレス社会と法整備

## (1)　法改正の二面性と目指す社会

我が国における個人情報とカード関係の法規について考えると、法の制定や改正には必ず二面性があることに気が付く。自由な経済の発展と新しいテクノロジーの活用による、早くて便利なサービスの向上を目指すために行われる法の制定や改正と、逆に個人の権利が不当に侵害されないように事業活動に規制の網をかけるために行われる法改正、という二面性である。

AIやロボットなどを中心とした第四次産業革命が迫るときに、個人情報とカード関係法規はどのように整備されるべきなのか、現行法の延長線上では想定し得ない問題も含めてまったく新しい視点によるアプローチが必要になる。

まず個人情報保護法であるが、2003年制定時には、野放し状況の個人情報の保護をいかに実現するかが法制定の中心課題だったが、2015年改正では、個人情報の概念と範囲が不明瞭のため生じた、行き過ぎた保護の考え方を修正するとともに、ビッグデータの活用など自由で活発な個人情報の流通による、豊かな社会の実現を目指した検討が行われた。

つまり個人のプライバシーを守り自己情報コントロール権を確保することで、国民一人ひとりの権利が確実に守られることを優先する社会をつくるのか、逆に大量の個人情報とそれに附帯した属性情報、信用情報等を人工知能等で解析し、個人ごとにフィットした情報やサービスを早く安く提供することを優先した、便利な社会を目指すのかが問われている。

もちろんどちらも重要であり単純に結論はでない。たとえば、現在我が国の個人信用情報機関には、成人ほぼ全員の個人情報が蓄積され、そのデータの正確性と最新性は世界でも最高水準にある。今後予想されるビッグデータ

の活用やシェアリングサービスの発展のため、これらのデータを活用できたら、これからデータを収集する国を一気に追い抜いて、世界でもトップレベルの情報活用大国になることも可能であろう。

米国等の個人信用情報機関は、もう30年以上前から保有する信用情報を用いて、個人の信用スコアの判定と提供のシステムを運用している。信用スコアは、与信企業等に提供されてカードや融資の判定に用いられるが、一方で消費者本人にも有料で提供される。米国の機関では、本人への情報提供の売上げが機関収入の大きな柱になっている。同様なサービスは世界の各地で行われている。中国の芝麻（ゴマ）信用も多くの国民に利用され社会生活に定着している。

しかし我が国では、個人情報保護法の「目的外利用の禁止」や、割賦販売法、貸金業法の「与信目的以外の利用禁止」規定など、法による厚い壁があり、信用スコアの提供はできない。

我々は、日本経済の発展のためだけではなく、個々人にとって本当に幸福な社会を築くためにも、この難しい問題に対し、バランスのとれた比較衡量を行い、よりよい未来を招来させるための法整備のあり方を考えなければならない。

割賦販売法などのカード関連法規も同様の問題を抱えている。クレジットや貸金などのサービスが新しく登場し、多くの国民が分割払いや簡便な借入れなどを利用し生活の質を高めていった時期には、法整備も簡単な取引秩序法的なものでよかった。

しかし制度を悪用する者が出て消費者被害が発生したことや、クレジットやローンの使い過ぎ借り過ぎにより、破綻する利用者が多数出現したことなどで社会の批判が高まり、消費者保護のための規制が設けられ次第に強化された。

これまで幾度か行われた割賦販売法、貸金業法改正のほとんどが消費者保護と規制の強化であった。その結果業界を厳しく規制するガチガチの法規となり、今ではクレジットやローンについて新しい発想やサービスは考えにく

い状況にある。

　繰り返しになるが、第四次産業革命が迫っている。将来のキャッシュレス・クレジット産業等の健全な発展を促し、世界的な競争に負けないためには、つまり一定のルールの下での自由な発展を行うためには、割賦販売法だけでなく、貸金業法や資金決済法などカードに関連したすべての関係法令の抜本的検討が必要である。今まさにその時がきていると思う。

## (2) キャッシュレス社会と法制度のあり方

　最後にキャッシュレス・非現金社会の未来と法制度のあり方を考える。非現金社会ではすべてのマネーに色が付いている。匿名性の強い現金でなければ裏金や闇献金や賄賂は、すぐに足がついてしまうので不可能になる。政治と金の問題は、かなりすっきりするだろう。

　個々人の問題で見ると、たとえば離婚したあと慰謝料や養育費が支払われず、子持ちのシングルマザーが生活に窮することはよくある。しかしデジタルマネーなら確実に離婚相手の収入から一定額を支払わせることが可能だ。非現金社会は弱い立場のものを守ることができる。

　オレオレ詐欺やカード犯罪などの特殊詐欺犯も同様で、デジタルマネーで得たものは簡単に追跡されてしまう。つまりお金の流れが捕捉、追跡できるようになると、お金にまつわる犯罪は難しくなる。

　刑法犯で最も多い窃盗や詐欺が、お金に色の付いたデジタル社会ではかなりやりにくくなる。すると犯罪はどこに行くか、たぶんデジタル空間に移行していくだろう。今もすでに多くのサイバー犯罪が起きており、大きな被害が生じている。しかしその対策はまだぜい弱だ。

　警察組織は、デジタル空間で犯罪者と闘うことになる。そのためには新たな法制度が必要になる。またサイバーセキュリティ専門会社が多数現れ、個人法人の別なくあらゆる面で活躍することになる。

　非現金社会では税制度も大きく変わることになる。お金の流れがデジタル化され、基本的にすべて捕捉されれば、いちいち個人や法人が税金の計算をする必要はない。デジタル脱税に対処する特捜部署以外の税務署も存在する

第2部　キャッシュレス社会の実情と課題

必要はなくなる。

　かなり乱暴な考えだが、そう考えると、お金に関する組織、機関は本当に必要なのか。銀行は、証券会社は、保険会社は必要なのだろうか。

　2050年頃にはその答えは出ているだろう。

　キャッシュレス、非現金化、デジタル社会が現実のものになりつつあり、法制度や社会が変化していく中で、今後非常に重要なことは、教育である。お金の使い方教育、金銭教育、金融リテラシーなどといろいろ言われているが、今最も遅れているのが教育かもしれない。社会やシステムや法律はどんどん進むが、それを使いこなし自分のものにできなければ、意味はない。

　キャッシュレス、非現金、デジタル社会が人間を幸福にするものでなければ、進歩の意味はない。そのカギを握るのが教育だ。

〔第2部第3章　由井　敬〕

142

# 第4章

# 海外のキャッシュレス事情

## 1　はじめに

　日本では、カード決済をはじめとするキャッシュレス取引が、なかなか広がっていない。その理由として、各種調査を見ると、カード取引のメリットの多くがあまり理解されておらず、また、一見便利と考えられている現金取引の大きなデメリットが日本では、十分に知られていないのではないかと考えられる。

　そこで、海外では、どのようなキャッシュレス・サービスが提供されているのか、どのような背景や理由、あるいはメリットがあってキャッシュレス取引が多いのか、具体的にどのようなキャッシュレスな社会が構築されているのか、概観したい。また、日本にないキャッシュレス・サービスの内容についても紹介する。なお本章では、筆者が実際に訪問し、体験した海外のキャッシュレス事情が中心になるため、限定的な紹介になることにご留意いただきたい。

## 2　諸外国のキャッシュレス基礎データ

### ⑴　諸外国の現金流通

　国際決済銀行（Bank for International Settlements. 以下、「BIS」という）決済・市場インフラ委員会の決済システム統計書（以下、「CPMI 統計」という）に

143

第 2 部　キャッシュレス社会の実情と課題

〈図表 1 〉　現金流通率の国際比較

（2016年末）

|  | 人口（千人） | GDP（各国通貨） | 現金流通額 | 通貨単位 | 現金流通率 |
|---|---|---|---|---|---|
| スウェーデン | 9,995 | 440,480 | 6,070.0 | 億 SEK | 1.38 |
| オーストラリア | 24,256 | 169,640 | 7,112.0 | 億豪ドル | 4.19 |
| イギリス | 65,648 | 19,500 | 685.8 | 億ポンド | 3.52 |
| アメリカ | 323,128 | 186,245 | 14,224.0 | 億ドル | 7.64 |
| 中国 | 1,382,700 | 7,441,270 | ― | 億元 | ― |
| 日本 | 126,933 | 5,370,250 | 973,027.0 | 億円 | 18.12 |

出所：BIS CPMI2017

おいて、メンバー24カ国・地域と比較すると、日本の現金流通額の GDP 比率が桁違いに高い。一方、キャッシュレス先進国と言われる北欧スウェーデンでは極めて低率で、民間事業者や個人がほとんど現金を保有していないことがわかる。

　ここに挙げた日本以外の 5 カ国では、現金を使用しない決済が圧倒的であることから、CPMI 主要国でどのような決済手段が、どのような取引に利用されているのか、見てみることにする。

　まず、スウェーデンでは、中央銀行である RIKS BANK が2010年以降 2 年おきに決済手段の利用状況をアンケート調査しているので、現金流通額が最も低いスウェーデンの決済状況を見てみよう（〈図表 2 〉〈図表 3 〉参照）。

　たとえば、「先月に使用した決済手段」という項目では、デビットカードが最も多く、93％の人が使用しているが、現金は61％と 4 年前より、 2 割以上下落している。一方、銀行が提供するスマホアプリ Swish （ 3 (7)参照）を利用した決済が 4 年前の10％から62％に急増し、現金決済に並んでいる。

　また、「最新の利用決済手段」では、デビットカードが80％、現金が13％、 7 ％がクレジットカードとなっており、デビットカードの日常的な利用率が高いことがうかがえる。

　次に、スェーデン銀行協会のデータを見ると、2017年度の非現金取引は、

144

〈図表2〉 先月利用した決済手段

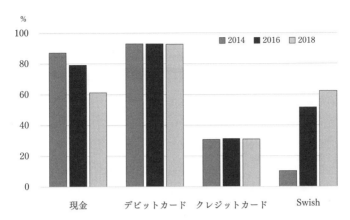

出所：スウェーデン中央銀行 RIKSBANK
"Numerical data, Payments patterns in Sweden 2018" から筆者作成

〈図表3〉 非現金取引の利用回数

| （単位：100万回） | 2016年 | 2017年 | 比率 |
|---|---|---|---|
| 小切手 | 0 | 0 | 0.0% |
| クレジットカード | 441 | 501 | 9.9% |
| デビットカード | 2,404 | 2,672 | 52.9% |
| 紙ベース送金 | 58 | 59 | 1.2% |
| 電子送金 | 1,016 | 1,244 | 24.6% |
| 口座振替 | 280 | 301 | 6.0% |
| Swish | 168 | 277 | 5.5% |
| 合計 | 4,367 | 5,054 | 100% |

出所：スウェーデン銀行協会ホームページ

以下のとおり、利用回数は圧倒的にデビットカードが多く、決済の2回に1回は、デビットカードで支払い、年間に一人当たり267.3回利用されている。クレジットカードは10回の決済につき1回しか利用されておらず、年間利用回数も一人当たり約50回にとどまっており、我が国のクレジットカード中心のキャッシュレス決済手段の利用状況と大きく異なることがわかる。

第2部 キャッシュレス社会の実情と課題

〈図表4〉 非現金決済回数の国際比較（1人当たり利用件数国際比較）

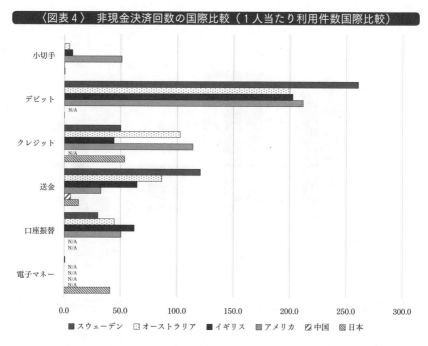

出所：BIS CPMI2017

**(2) 非現金取引全体の概要**

では、ほかの国の状況はどうであろうか。同じくCPMI統計で、現状最新（2016年）の決済回数から、その比率を比較してみる（〈図表4〉）。

デビットカードの一人当たり年間利用件数は、日本を除く主要国のいずれもが200件を超え（日本は0.1件）、クレジットカードは、アメリカとオーストラリアが100件を超えている。日本はクレジットカードがイギリス、スウェーデンと同様年間50件前後（日本のデータは2012年のもの）となっている。

日本のデータには、口座振替のデータがなく、電子マネーの利用回数が他国より著しく多いという特徴があるが、日本は非現金取引全体も多くないことがわかる。

**(3) カードの発行状況と利用状況**

前項で海外では、クレジットカードがよく使われる国（オーストラリアやアメリカなど）とデビットカード中心の国（イギリスやスウェーデンなど）に

第4章　海外のキャッシュレス事情

| 〈図表5〉　デビット・クレジットカード保有比較 | | | | |
|---|---|---|---|---|
| | デビット（千枚） | 1人当たり枚数 | クレジット（千枚） | 1人当たり枚数 |
| スウェーデン | 10,569 | 1.06 | 9,583 | 0.96 |
| オーストラリア | 45,197 | 1.86 | 24,257 | 1 |
| イギリス | 99,632 | 1.52 | 58,559 | 0.89 |
| アメリカ | 311,500 | 0.96 | 1,022,600 | 3.16 |
| 中国 | 5,659,603 | 4.09 | 465,035 | 0.34 |
| 日本 | 422,000 | 3.32 | 266,000 | 2.1 |

出所：BIS CPMI2017

二分されていることがわかったが、カードの発行枚数に、顕著な差があるのであろうか。同じく、BIS の CPMI 統計で比較する。

　すると、デビットカード利用の多いスウェーデンやイギリスでは、発行枚数は、デビットカードがクレジットカードより、やや多いものの、一人当たりの保有枚数にも、利用件数の開きに相当するような差はない（〈図表5〉）。

　次に、BIS の CPMI 統計の取引回数および取扱額に基づき、1回当たりの利用額を円換算したうえで、比較してみる（〈図表6〉。なお、日本の場合、取引回数については2012年以降統計未掲載なのでグラフの比較の対象から外した。）

　すると、イギリスを除き、デビットカードに比べて、クレジットカードのほうが単価が高く、1.5〜2倍程度の差がある。次に、1枚当たりの利用額を比較すると、日本は、クレジットカード一枚当たり、2万274円となり、主要5か国の中で最低となっている。

　日本は、クレジットカードの一人当たりの枚数がアメリカに次いで2位、デビットカードでは中国に次いで2位とカード発行枚数は多いものの、カード利用額は最低である。特に、デビットカードの利用額の低さは、著しく、J-Debit が年間約4000億円に過ぎず、ブランドデビットカードを合わせても2016年は1兆円に満たない状況にある。

　なお、中国のデータは、クレジットカードとデビットカードの利用回数・取扱高が区分されないため、表から除外したが、中国は、2002年にそれまで

147

〈図表6〉 デビット・クレジットカード利用金額

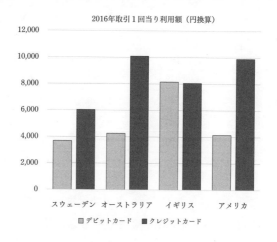

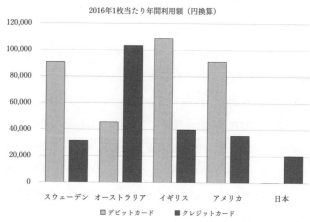

出典：BIS CPMI2017をもとに筆者作成

の銀行カードを銀聯システムに統一して提供できるようにして、デビットカードの発行が急増しており、2016年においてデビットカード、クレジットカード合計で約60億枚、利用額は約960兆円（送金額等を除く）に上っている。

## 3 世界のキャッシュレス事情あれこれ

では、海外では、どのような背景から、利用状況の差が生じているのだろ

第 4 章　海外のキャッシュレス事情

うか。極限まで現金を使用しない国や第 2 章で扱ったスマートフォンで QR コード決済を行う中国を含め、海外では、キャッシュレス取引がどのように受け入れられ、社会に定着しているか、実例をもって、見てみることにする。また、国民のキャッシュレス取引に対するさまざまな懸念について、どう解決されているか、いくつかの取引場面から確認することとする。

(1) **交通機関におけるキャッシュレス**

　世界的に見ると、航空機や特急列車、長距離列車、クルーザー船など高額な料金が必要な交通キャリアでは、クレジットカードやデビットカードでの事前予約購入が導入されている。また、公共交通機関である電車、バス、地下鉄、フェリーなどでも、定期券や旅行者向けの周遊券は、クレジットカードで購入できることが多い。しかし、日常的な短距離の利用、不定期な乗車などには、電子マネーが利用されているのが一般的である。

　スウェーデンのストックホルムでは、アクセスカード（SL Access Card〈図表 7〉）、イギリスのロンドンでは、オイスターカード（Oystar Card）、オーストラリアのシドニーでは、オーパルカード（Opal Card〈図表 7〉）といった前払式の IC カードを使用して、日本の Suica や ICOCA などのように改札口や車内の端末機に接触させて、料金を支払うことが可能となっている。ただ、キャッシュレス先進国では、交通系電子マネーは日本と異なる点がいくつか存在する。

〈図表 7〉　アクセスカード、オーパルカード、Appl pay

出所：(本章の写真はいずれも) 筆者撮影

149

第一が、交通系電子マネーの機能の違いである。日本の交通系電子マネーでは、運賃等の決済のほか、駅や交通ターミナルだけでなく、一般店舗でも加盟店契約があれば、商品購入が可能であるが、海外の交通系電子マネーでは、訪問国の中では、香港のOctopus（オクトパス、八達通）とシンガポールのez-link以外には、ショッピング機能を有しているものはなかった。いずれもセブンイレブンなどのコンビニ、スターバックスやマクドナルドなどのファストフード、ドラッグストアやショッピングセンターなどでも使用できる。しかし、その他の国の交通系電子マネーは、原則として交通関係料金の決済に限定されている。

第二に、海外では、クレジットカードなどでそのまま乗車できる都市が多いという点である。日本国内では、クレジットカードをそのまま使って、改札等を通過したり、料金の決済に使うことはできない。しかし、イギリスのロンドン市内のバス、地下鉄など、また、イタリアのレオナルドダビンチ空港とローマの主要駅などでは、EMVコンタクトレス（非接触方式）のカードなら、クレジットカードでも、デビットカードでもそのカードを改札口でかざして、そのまま乗車ができる。VISAやマスターのカードを搭載したApple Pay（〈図表7〉）でも乗車が可能である。

2018年2月にロンドンを訪問したときは、筆者のiPhone 7のApple Payには、Suicaとさまざまなクレジットカードが登録されているので、東京の自宅近隣駅からiPhoneをかざして電車に乗って空港に行き、ロンドン・ヒースロー空港に着いてから、同じようにiPhoneをかざして電車と地下鉄でそのままホテルの近隣の駅まで乗車することができた。Apple Payに登録されたVisaやMasterCardはNFC対応しているからである。日本では、交通系電子マネーがショッピング分野に進出しているが、海外ではクレジットカードなどが、交通系の直接決済に乗り出しており、日本と逆の現象が生じている点がおもしろい。

なお、Apple Payで地下鉄等の交通機関に乗車できる都市として、上記のほかに、ソビエト連邦ではモスクワ・サンクトペテルブルグ・ノヴォシビル

第4章　海外のキャッシュレス事情

スク、アメリカではシカゴ・ソルトレイクシティ・ポートランド、中国は北京・上海・広州・杭州、オーストラリアのシドニー（2019年から）などがある。オリンピックが開催された都市が多いことに気づかされるが、オリンピックスポンサーのVisaがロンドンオリンピック以降、非接触方式カード決済を促進していることが反映されているものと考えられる。

　第三に、キャッシュレス先進国では、乗車時の現金での決済が排除されているという点である。スウェーデン・ストックホルムでは、市内の地下鉄、トラム、バス、鉄道、フェリーといった公営交通機関の乗車・乗船には、アクセスカードを利用して乗車する方式であり、運賃箱が設置されていない。現金で支払う前提では交通機関の利用はできない。

　交通系カードがない場合は、乗車前にクレジットカードで券売機または窓口の人手を介して切符の購入を行って乗車するしかないが、窓口で乗車券を購入する場合、ストックホルムでは料金が割増しされる仕組みになっている。

　なお、スウェーデンでは、自動券売機に、8カ国語（日本語なし）で操作方法が記載してあり（〈図表8〉）、また、ロンドンでは、日本語も含めて、多数の外国語対応されており（〈図表9〉）、キャッシュレスへの取り組みが、観光客にも徹底していると感じられた。

　また、ヨーロッパでは、都市部の地下鉄を除き、改札がないことが多い。「信用乗車方式」といって、乗客が乗車券を自己管理することで駅員などに

〈図表8〉　ストックホルム券売機　　〈図表9〉　ロンドン券売機

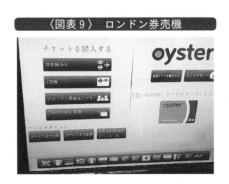

151

第 2 部　キャッシュレス社会の実情と課題

〈図表10〉　イタリアのトラムの
　　　　　チケットキャンセラー

〈図表11〉　オーパルカードの社内検札

よる運賃の徴収や改札が省略されている。また、「チケットキャンセラー方式」が併用されている。乗客はあらかじめ駅や停留所などに設置されている券売機で乗車券を購入して乗車し、車内のチケットキャンセラー（乗車券刻印機）に乗車券を差し込んで乗車日時を刻印するのである（〈図表10〉）。イタリアやフランス、スペインなどに見られるが、トラムや電車に乗ると、最初に刻印機に乗車券を差し込む。そのときに刻印の音がするので、他の乗客にも乗車券を所持していることがわかり、無賃乗車を相互牽制する仕組みとなっている。また、電子マネーカードの場合は、駅や停留所の読取機や車内の読取機に乗車時および下車にタッチする。

　なお、これらの方式を採用している車両には、頻繁に、乗務員が検札に回っており、電子マネーカードの読取機で、カードをチェックしており（〈図表11〉）、万一、乗車時にタッチしていないときは不正利用とみなされて、高額なペナルティが課せられる。

　第四は、非接触方式のICチップの規格と仕様が日本と異なる点である。非接触方式のICカードといえば、我が国では、電子マネーのSuicaや楽天Edyなどが採用するソニーが開発したFeliCa方式が有名である。しかし、海外の非接触式カードは、交通系カード、クレジットカード、デビットカードいずれも、Type A/Bと呼ばれる国際標準の方式が採用されている。我が

国の交通系カードや電子マネーに多く利用される FeliCa 方式は、迅速性に重点を置いており、多数の乗客の乗り降りやレジ列の短縮には最適である。しかし、人口が少ない国、人口密度が低い国では、スピードはあまり重視されておらず、Type A/B が採用されている点が、我が国と異なる。我が国では、Type A/B は、クレジットカード以外では、運転免許証、マイナンバーカード、タパスカードなどに採用されている。

　第五に、QR コード決済でも改札通過ができる都市もある点である。北京地下鉄では、2018年4月29日から専用アプリ「易通行」での QR コードスキャンで改札を通過できるキャッシュレス乗車が可能になっている。運賃は、Alipay や WeChat Pay のほか、工商銀行と京東仕付で精算できる。

　北京や上海などの地下鉄では、これまで現金で切符を購入するほか、銀聯カードや Alipay や WeChat Pay での切符の購入が可能になっていた。また、北京では2003年に北京市政交通カード、上海でもほぼ同時期から上海公共交通カードといった非接触式 IC カードが導入されており、これを Apple Pay に搭載して改札通過もできていたが、QR コードでの改札通過が可能になり、一気に他の国とは異なる展開になっている。

　交通事情は、各国の広さや人口密度などの環境に影響されて、大きく異なるので、一律にまとめることは難しいが、どこの国も「効率的に、円滑に乗車をさせる」ことと、「コストをかけず、効率的に乗車賃を回収する」ことを目指して、キャッシュレス化に力を入れていると考えられる。特に、人件費が高く、広大な国土を持つ北欧などでは、運営企業のコスト削減の一環で券売機での購入しないときの乗車券額の割り増しなど、キャッシュレス取引に誘導する取り組みとして考えられている。また、各国とも観光客の誘致に力を入れているが、できるだけ多様なキャッシュレス手段を提供し、観光客がストレスなく観光できるよう腐心している点も交通機関のキャッシュレス化が進んでいる理由の一つと考えられる。

### ⑵　自動販売機などにおけるキャッシュレス

2016年2月に訪問したスェーデン・ストックホルム中央駅構内の自動販売

〈図表12〉 スウェーデンの
トイレの扉

〈図表13〉 ロンドンのアイスの自動販売機

機、時間貸しロッカー、自動撮影機、携帯充電器など無人店舗もすべてカード決済の専用となっており、コインでの購入はできなかった。コインも併用できるようになっている自動機は、有料トイレ（〈図表12〉）と駐輪費用精算機くらいであった。飲料自動販売機、携帯電話充電器、有料トイレの大部分には、非接触方式カードの Mastercard Contactless、VISA PayWave に対応できる簡易端末機が取り付けられており、クレジットカード、デビットカードともに、タッチするだけで、PIN（Personal Identification Number：暗証番号）レス取引で利用可能となっていた。

〈図表14〉 中国の自動販売機

2018年2月に訪問したロンドンでは、同じ端末機がアイスクリームの自動販売機に備え付けられており、Apple Pay が利用できる表示がされていた（〈図表13〉）。

2016年から2018年にかけて訪問したオーストラリア、スペイン、イタリア、アメリカ、シンガポールでも、自動販売機はほとんどが非接触方式カードや Apple Pay に対応する形になって

いた。ただ、2018年2月に訪問した中国だけは、Alipay や WeChat Pay に対応する自動販売機がほとんどで（〈図表14〉）、上海と杭州では、Mastercard Contactless、VISA PayWave や銀聯カードの Quick Pass といった非接触方式に対応する自動販売機は見かけることはなかった。

　我が国でも、電子マネー対応の自動販売機が増加しているが、その理由は、釣銭の在庫を少なくして、窃盗目的で高額な自動販売機を壊されないためであるとされる。海外でも同様の目的で完全キャッシュレスになっているようであるが、クレジットカード、デビットカードができるほか、多種類の非接触式カードが利用できることで、現金の利用を廃止している点が異なっている（日本でも、JR 東日本駅構内で、キャッシュレス自動販売機が増えている）。

### ⑶　露店・移動販売車におけるキャッシュレス

　スウェーデンでは、たとえばストックホルム市民ホール前に土曜日・日曜日に設置される果物、生花、バッグ、装飾品などの露店やホットドックなどの移動販売車でも、カードロゴの表示がなされており、ホットドックと飲み物のような少額でもカード決済ができた。郊外のウプサラという都市の移動販売車も同様であった。イタリア・ローマの朝市でも、ほとんどの露店でカード決済が可能であった。青果物や日用品の販売が中心であるため、高額にはならないが、値切った後に、クレジットカードを差し出しても、いやな顔をせずに、決済してくれた。

　また、シドニーの観光地区ザ・ロックスの土日のマーケットでは、200店舗以上の露店（Street Stall）の出店があるが、ほとんどの店で、100豪ドル（約8500円）までは、PIN レス・サインレスで、日本の非接触方式のクレジットカードやデビットカードを端末機にかざすだけで決済ができた。中国では、杭州の観光地河坊街の露店で少額の買い物をしたり、西湖で観光手漕船を利用したが、いずれも WeChat Pay と Alipay で決済でき、現金は不要であった。日本では、観光地であっても、カードが利用できない、また、少額取引ではカード利用を断る商店やレストランなどが多いが、海外では露店も含めて、キャッシュレス対応が一般的になっている。

**155**

〈図表15〉 12ドル以上のクレジット利用の張り紙

ところで、オーストラリアでは、一部の店ではあるが、12豪ドル(約1000円)以下の金額ではカード決済を受け付けない旨の表示が散見されたが(〈図表15〉)、中国やスウェーデンでは、100円程度でのカードやスマホ決済が可能で、逆に、店舗が「現金お断り」の表示をしており、現金を受け入れていないところもある。露店や小型店舗では、一人で運営していることが多く、現金の管理に不安があるし、お釣りのやり取りも面倒なためであろう。また、中国では、偽札が横行していることもあり、そもそも現金受取が好まれていないようである。

(4) 非接触方式カード

オーストラリアでは、100豪ドルまでカードをかざすだけで、カード伝票に署名も、暗証番号の入力も必要がなく、決済が極めてスムーズである。

その理由は、オーストラリアでは、ICチップ(EMV)搭載のカードのほぼ100％が非接触NFC方式にも対応しているからである。イギリス・スペインなど西欧、チェコなど東欧諸国でも、非接触方式カードが普及しているが、ICカード利用のうち、非接触式利用の割合は、オーストラリアがトップ(〈図表16〉)である。

日本では、ICチップ(EMV)搭載のカードに2020年までに対応することが求められており、すでに80％以上のクレジットカードにICチップ(EMV)が搭載されているが、非接触NFC方式にも対応しているカードは、デビットカード、クレジットカード合わせて1000万枚前後と発行数の一割にも満たない状況である。

また、ICチップ(EMV)搭載のカードであっても、これを読み取る端末機の普及が遅れており、依然として、磁気ストライプを読み取る処理が行わ

第4章　海外のキャッシュレス事情

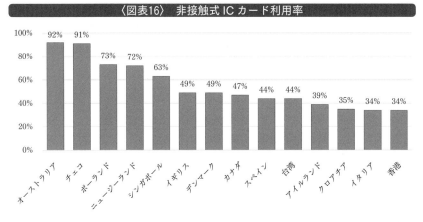

〈図表16〉　非接触式ICカード利用率

出所：2017年VISA資料

れており、せっかくのセキュリティ対策も、活用されているとは言い難い状況にある。

　なお、〈図表16〉でわかるように日本以外のアジア地域でも、まだ非接触方式の利用率は高くない。しかし、VisaとMastercardでは、アジア・パシフィック地域において2018年10月13日以降設置のPOS Terminalは、すべてContactless対応すべきとしており、2023年4月1日まで全端末が非接触対応になる予定である。また、2018年10月13日以降発行のVisaカードには、Visa Contactlessの搭載が義務化されており、Mastercardも2019年4月以降義務化している。したがって、早晩、アジアでも、非接触方式が急激に増加するものと考えられる。

　日本は、ICチップ搭載のカード発行と接触方式カード対応端末機の設置は2020年と目標は明確であるが、非接触方式については、目標が定められておらず、欧米やアジアからも大きく遅れる可能性があり、インバウンド需要に十分対応できない懸念がある。

　しかし、日本でもイオングループが2020年までに10万台以上のPOSレジをEMV非接触対応に取り換える予定だ。遅まきながら、日本でも国際標準の非接触式カードの普及に弾みがつく可能性がある。

157

第2部　キャッシュレス社会の実情と課題

〈図表17〉　PIN レス上限額比較

| スウェーデン | 200SEK （2600円） |
|---|---|
| イギリス | 30£ （4400円） |
| ノルウェー | 200NOK（2700円） |
| アメリカ | 25ドル （2800円） |
| カナダ | 100カナダドル（9500円） |
| ニュージーランド | 80NZ ドル（6800円） |
| シンガポール | 100シンガポールドル（8000円） |
| マレーシア | RM250（7000円） |
| インド | INR2000（3000円） |
| 日本 | 10,000円 |

出所：各種資料より筆者作成

〈図表18〉　30ポンドまでサインレスの表示のある端末機

(5)　PIN 入力の省略

　諸外国では、〈図表16〉のとおり、IC チップ搭載のカードの非接触方式の利用率が極めて高率となっている。実際にオーストラリアやイギリスなどを訪れると、百貨店などの店舗だけでなく、露店やフードコートなどでも、非接触方式の決済ができる。接触式のIC カードを利用して買物をするときに、サインで対応するつもりでいると、サインは禁止だとして、PIN 入力を求められる。これは、IC カードを利用した決済で不正利用などの問題が生じると、PIN 入力を促さなかったことで最終的に加盟店に責任が生じることになる為、これを避けるための対応と考えられる。

　一方、非接触式IC カードを利用して、端末機にタッチする場合は、原則として、サインが不要で、PIN 入力も求められることもない（「PIN レス・サ

インレス取引」)。この PIN レス・サインレスが認められる範囲・基準は、国ごとに異なっており、主要国での限度額を掲げると〈図表17〉のとおりになる。

なお、限度額を超えると、PIN 入力となるが、接触方式での PIN 入力を求められるイギリスのような例もあり、国によってルールが異なっている。

非接触 NFC 方式は、IC チップ（EMV）搭載の接触方式カードでの取引と異なり、日本の IC チップ搭載の電子マネーカードやおサイフケータイのようにタッチするだけで素早く決済が終了する。したがって、非接触方式のカードが普及する国では、クレジットカードとデビットカードでこのようなスピード決済ができるため、日本のように電子マネーよるスピード決済の必要性は少なく、電子マネーによるショッピング利用のニーズが生じないのではないかと考えられる。

### (6) 税金・公共料金と現金利用禁止

スェーデンやイギリスなど、ヨーロッパでは、生活に必要な電気代、ガス代、水道代などの公共料金は、請求書に基づき、インターネット・バンキングで預金口座から送金して支払うのが通常である。また、クレジットカードや携帯電話料金など継続的ではあるが、変動する額の支払いも、インターネット・バンキングで振り込む。なお、雑誌購読料のように毎月の定額払い料金などが Direct Debit（口座振替）により支払われている。

スウェーデンで確認したところ、公共料金など現金での支払いを受け付けないわけではないが、ほとんどの国民が、何らかのキャッシュレス決済手段で払っているとのことであった。

一方、スウェーデンでは、税金は現金で支払うことができず、ユーロ圏では、自動車など一部の物品の盗難や不正利用を防ぐ目的で、自動車関係費用の現金決済が禁止されている。

さらに、一律の規制ではないが、ヨーロッパを中心に、マネーロンダリング防止、犯罪抑止の観点で、一定額以上の現金決済が禁止されており、外国人も対象となっている。フランスでは、2015年9月からそれまでの3000ユー

ロから1000ユーロ以上の現金・電子マネー取引が禁止されている。これは、付加価値税等の課税逃れの防止措置の目的である。また、イタリアでも、3000ユーロ以上の現金取引が禁止されており、クレジットカード、小切手、銀行振込みを利用することになっている。なお、ドイツやオーストラリアでも、高額現金取引禁止の導入が検討されている。

　なお、アメリカは、現金決済を禁止していないが、1万ドル（約110万円）を超える現金取引では、受領者に届出義務を課している。諸外国では、現金の有する匿名性ゆえに、脱税やマネーロンダリングなどに現金が利用されており、これを防ぐために、キャッシュレス取引に政策的に誘導されているようである。

### (7) 現金決済は残っているか

　最も現金の流通が少ない北欧諸国でも、現金決済そのものは行われている。たとえば、スウェーデンでは、スマートフォンの扱いやキャッシュレス取引に不慣れな80歳を超える高齢者の取引は現金取引が多い。また、庭師・ベビーシッター、家庭教師など個人との取引、家族間や友人間での少額な金銭のやり取り、バザーでの取引などでも、現金取引が行われている。

　しかし、庭師・ベビーシッター、家庭教師などとの取引では、割引で顧客を誘引する一方、その割引のために、高率な付加価値税や所得税の負担を回避し、取引の証拠を残さないために、現金取引が条件となっていることが多いとのことで批判がある。政府もこのような脱税行為の横行に対し、これらの事業者との取引にインボイス（請求書）を使用して行った場合に一部免税を打ち出すなど、脱税のための現金取引の排除に努めている。

　次に、家族間や友人間での少額な小遣いや割り勘、バザーなどの場合では、カード取引を念頭に置くと金融機

〈図表19〉 Swishアプリの一画面

第4章　海外のキャッシュレス事情

〈図表20〉　欧州の送金アプリ

| 名称 | 設立機関 | 仕組み |
|---|---|---|
| MobilePay デンマーク | Danske Bank | 携帯電話番号で相手口座を特定（国民背番号で銀行口座と携帯をリンク）して送金 |
| Paym イギリス | HSBC | 参加銀行の送金アプリをダウンロードし、自身の携帯電話番号と銀行口座を登録して利用可能。送金時は、アプリに登録した相手の電話番号・名前を確認し、金額を入力する。 |
| Jiffy イタリア | SIA | P2Pモバイル送金決済欧州2位。イタリア23行が接続。QRコード読取で店舗決済も可能 |
| Verse スペイン | スタートアップ | アカウント登録時に携帯番号とクレジットカード番号を入力して送金。送金で受取った残高は自身の銀行口座へ移す事も可能。欧州22か国。SEPAでユーロ決済 |
| Lydia フランス | スタートアップ | 電話番号で相手を検索しアカウント登録時のクレジットカードから送金。アプリ内のウォレット機能に残高が蓄積され送金したり、自身の銀行口座に移すことが可能 |
| Cookies ドイツ | スタートアップ | 国内約4,500の銀行口座から登録・利用。アプリに登録する銀行口座の残高から直接送金。ただし、送金に1～3営業日。「稲妻」の絵文字を付け加えると5～120分で送金完了 |

出所：各種資料より筆者作成

関と「加盟店」契約がなければ、カード決済ができず、通常はキャッシュレス化は困難である。しかし、スウェーデンでは、スマートフォンによる個人間送金システムが非常に普及しており、「Swish」というアプリを使って、銀行口座間で資金が移動して、個人間もキャッシュレス決済ができている。

Swishは、Danske Bank、Handelsbank、Länsförsäkringar Bank、NORDEA BANK、SEB、Swedbankの6大銀行およびSwedish Swishの提携により2012年にスタートしたリアルタイム決済のシステムである。現在では、スウェーデン国内のほとんどの銀行口座間で、無料で、送金ができる。Swishは、携帯電話経由で銀行間送金システムをAPI（Application Program

161

第2部　キャッシュレス社会の実情と課題

Interface）で利用しており、送金相手の携帯番号を入力することで送金ができる。1947年から導入されている国民背番号が銀行口座や携帯電話番号に紐づいているので、本人の確認がスムーズに行われている。Swish は、2(1)で述べたように、利用者は60％以上に達しており、個人間決済での有力な非現金取引になっている。

スウェーデンには、ほかにも WyWallet、Klarna Direkt などの送金アプリがあり、ノルウェーにも、同様なモバイル・ペイメントである「VIPPS」がある。

ほかにも、〈図表20〉のように、送金サービスが EU 全域で展開されており、キャッシュレス取引の切り札となっている。

なお、事業者との決済に関しては、Swish を使ってスマートフォンでカードでの決済処理を行う Swish mPOS app があり、こちらは、1.5％程度の手数料を販売店が支払うようになっている。このように、個人間送金は無料であるが、販売店が使う場合など、頻度と額がアップする場合は一定の手数料を徴求している。しかし、現金自体が必要な取引、たとえば、有料トイレのコインのような場合を除くと、個人間決済でも、現金が不要となるため、キャッシュレス取引社会には欠かせない存在になるに違いないと考えられる。

一方、日本では、銀行口座にマイナンバーの紐づけは可能であるが、その利用範囲が極めて制限されている。また日本では、個人間の送金が原則として有料であり、本人確認が簡単にできない問題点など、キャッシュレス化を進める点で障害になっている。

### (8)　未成年者の決済

キャッシュレス取引が原則となるような社会が実現するには、未成年者も一律にキャッシュレス取引に参加できることが条件になる。

スウェーデンでは、未成年者のキャッシュレス取引も進んでいる。子供は、皆デビットカードを保有し、小学生の遠足などには、デビットカードを持って出かけている。スウェーデンで子供がデビットカードを保有できるのは、子供が2〜3歳程度になれば、親の口座に付帯して子供の銀行口座を開

設することができるからである。そして、小学生になると銀行はデビットカードを発行する。日本では、「貯蓄用口座」は子供でも開設できるが、未成年者取消権の問題もあって、日常的に預金を引き出すこと、ショッピングに利用することはできない。

しかし、スウェーデンでは、子供には「子供手当」が支給され、16歳以上には「教育資金」や「奨学金」が支給される。親の口座への振り込みでもよいが、スウェーデンでは原則16歳で子供は独立するので、そのときまで受取口座を開設しておく必要がある。独立すると、親子口座から、子供の口座も切り離されるので、銀行は早めに子供の口座を獲得するほうが有利なので早めに口座開設を認めているのである。

未成年者取消権の問題に関しては、親があらかじめ、デビットカードの1回の利用上限額や一日の利用上限額を定めておくことで、クリアしている。また、子供口座の利用状況は親のスマートフォンに直ちに通知されるので、利用状況を確認でき、資金使途の確認や金銭教育にも活用できるようになっている。

イギリスやアメリカでも、8〜11歳くらいで子供用口座が開設でき、銀行からデビットカードやプリペイドカードが発行されている。未成年者、特に小さな子供向けカードの場合、スマートフォンのアプリで1日や一回当たりの利用額の制限を設けることが可能なケースが多く、親が利用状況をモニタリングできるなど、安心して利用できる仕組みとなっている。

### (9) 家計管理が便利

2015年にロンドンで創業した Monzo は、MasterCard と提携してプリペイドカードを発行し、スマホアプリによる支出と予算を管理するサービスを提供し、共働き夫婦に好評である。銀行口座からデビットカードで資金をプリペイド口座に移して、利用するが、ユーロなど他国通貨での決済に手数料がいらないなどの機能があるほか、スマートフォンアプリでカードの紛失届出や利用停止などができ、その利便性が評判である。また、ショッピング利用では、利用した加盟店と利用情報により、あらかじめ登録した家計の科目ご

**163**

〈図表21〉 イギリスの Monzo のアプリ

とに仕訳して利用状況の管理を行い、使い過ぎの警告などさまざまな機能がある。そのため、短期間でカード発行枚数を100万枚に伸ばすとともに、創立から2年で銀行免許を取得している。ほかにも、イギリスでは、アプリを使って、家計管理機能を提供する Fintech 企業や口座関連の情報を加工して提供するペイメントサービスプロバイダーとオープン API 提携を行う銀行が増加しており、キャッシュレス取引をさらに便利にしている。

## 4　キャッシュレス化への課題と問題点

### (1) 海外キャッシュレス事情からみた日本の課題

前項で、海外のキャッシュレスの進展を具体的に見てきた。そのうえで、我が国が今後キャッシュレス取引を政府目標どおり40％まで達成し、さらなる進展を図るには以下の問題点を解消するとともに、積極的な施策を検討する必要があると考える。

#### (A) 利用者からの観点

我が国では、クレジットカードを中心としてキャッシュレス化が進んでいるが、クレジットカード取引には、以下の問題がある。

① 18歳未満の未成年は、入会できず、カードを使えない。
② 入会審査があり、誰でも入会できない。
③ 紛失・盗難リスクや使い過ぎてしまう可能性がある。
④ 被介護者などはカードを所持できない、使えない。

第4章　海外のキャッシュレス事情

　そこで、①の問題については、現在15歳以上の利用が認められるデビットカードを利用する方法がある。また、クレジットカードの家族会員の登録年齢を現在の18歳から、引き下げて対応することが考えられる。

　現在、12歳以上の未成年者でも電子マネーの利用が認められており、キャッシュレス取引が可能である。問題は小学生であるが、スウェーデンで行われているように、利用状況と利用限度を親権者等がカード会社・銀行等の開発するスマートフォンのアプリを使って利用限度額、1回の利用額、利用内容等をコントロールできるようにすればよいのではないか。現在利用内容をコントロールできない現金を小遣いや特定目的のために現金を交付する方法より、はるかに安全で、安心ではないだろうか。

　②の問題も、デビットカードと電子マネーには、原則審査が不要であるのでクリアすることができる。

　③の問題は、クレジットカード、デビットカードとも紛失・盗難保険や会員保証制度が設けられているので、問題ない。使い過ぎる点は、現在、一日の利用限度額、1回の利用限度額を自分で自由に設定できるので、この機能を活用することが考えられる。

　また、④の問題は、利用額の制限が可能なデビットカードやクレジットカードの契約を行い、本人の介護者などに代理使用を認めることが考えられる。そして、保護監督義務者が利用状況を逐一スマートフォンアプリなどでモニタリングできるようにすれば、適切な利用か確認でき、利用状況も記録化されるので、適切な介護か、適切な財産の利用かなどを後から検証できるなど、相続時における紛議の予防にもなると考えられる。

　なお、諸外国では、サラリーマンでも税務申告しなければならないが、キャッシュレス取引であるため、スウェーデンやエストニアなどは、税務署が確定申告書を作成し、国民はその内容を確認して、簡単に申告ができる。また、家計管理ソフトを使った資金管理が簡単である。現金取引と異なり、脱税が難しくなり、所得税や消費税の課税が適切になされ、国民への公平で確実な徴税がされること、税金の利用状況が後からトレースでき、透明性の

165

第2部　キャッシュレス社会の実情と課題

高い国や行政の予算執行にもつながる可能性が点がメリットといえよう。

　　(B)　加盟店からの観点

　カード加盟店には、以下のとおり、キャッシュレス化には大きなメリットがある。

---

① 決済代金が確実に入金され、現金に近い回収サイトも可能である。

② 一見の顧客でも、安心して、販売できる。

③ レジの精算業務が速く、労働時間を短縮できる。

④ 店員による盗難や釣り銭間違いなどのリスクがない。

⑤ 顧客の取引のデータ化による、販売促進に活用できる。

---

　一方、問題点として、カード決済に対応するための初期コストがかかる点とカード取扱ごとに所定の手数料を支払う必要があることである。しかし、この問題は、現金決済が格段に減少することで、事務コスト、人件費を抑えることで、十分に回収可能であると考えられる。

　スウェーデンでは、夜間営業や一人営業の店は、強盗などの心配がなくなり、安全に働くことができる、レジ締め時間の短縮や夜間金庫への売上金入金や釣銭を確保するため銀行に行く必要もない、パン屋・魚屋など食材を扱う店では、現金に触れずに精算ができ衛生的であるなど、事業者自身がキャッシュレス取引に移行するメリットを実感していた。日本でも、経理関係の人件費、警備費や保険料などのコストの節約、従業員の安全の確保ができ、衛生面・環境面でも顧客にアピールできる点が受け入れられる可能性は高い。

　なお、どうしても手数料の問題が大きい事業者については、サーチャージ制度を導入することも考えられる。サーチャージとは、手数料を商品やサービス代金に上乗せして請求することであり、我が国では、クレジットカード会社が加盟店契約で禁止している。

　しかし、オーストラリアでは、ホテルや飲食店の一部では、クレジット

166

〈図表22〉 サーチャージを告知するホテルの掲示

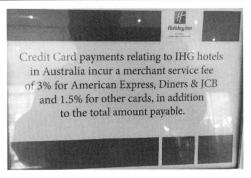

　カード決済の場合のみ、1.5～3％程度のサーチャージ（surcharge）制をとっている旨の表示がみられた。オーストラリアでも、以前は、サーチャージを請求してはならないとのオーストラリア連邦準備銀行の規則が存在していた。しかし、現金で購入する利用者が不利益を被っていること、つまり、加盟店手数料の負担は、現金販売価格に上乗せされており、カード取引がなければ、現金の場合、もっと安い価格で購入できたのではないかという問題意識から、調査が行われ、その結果、市場全体の効率を上げ、経済を活性化するための一つの方策として、サーチャージすることが認められた。

　オーストラリアの現地調査では、クレジットカードに2.5％のサーチャージをする（駐車料金精算機）、15ドル以下のクレジットカード利用には2％をサーチャージする（飲食店）、JCB、American Express、Dinners Clubについては3％、その他のカードに1.5％のサーチャージする（ホテル）、などの表示をみることができた。現在は、連邦中央準備銀行と業界でサーチャージガイドラインが定められ、サーチャージする場合は、必ず、その料率を店頭に表示することが義務づけられている（〈図表22〉）。

　なお、デビットカードには、サーチャージは認められていない。また、百貨店、スーパーマーケット、酒販店、化粧品店、ドラッグストア、土産物店などは、競争があるため、また、カード顧客を逃さないためと考えられるが、クレジットカード利用にサーチャージをする販売店はほとんどみられなかっ

た。サーチャージが日本で仮に認められたとしても、サーチャージする事業者は限定されるのではないと考えられる。

### (2) 国の取り組むべき施策

前項で、利用者と加盟店の観点でキャッシュレスを推進するについての課題を掲げたが、キャッシュレス化を推進する国が自ら行うべき施策や課題も多い。

その最大の課題が、脱税や不正な取引の温床になりがちな現金取引を一定額以上では禁止することではないかという点である。昨今、金の密輸や購入に絡む犯罪事件が報道されることが散見されるが、目的は脱税である。そこで欧米諸国のように30万〜50万円程度を超える現金取引を禁止し、または、一定額を超える現金の受領者に報告書提出義務を課すことが考えられる。実質的に、カード取引または銀行間決済を義務づけることでキャッシュレスを推進し、脱税を防止し、マネーロンダリング対策に効果を上げることが期待される。

第二に、以下のように現金取引を禁止し、効率的な行政と現金関係取扱事務費の大幅な削減を行うことが必要ではないだろうか。海外では、これらは原則としてすべてキャッシュレス決済が可能となっている。

① 税金や行政の諸手数料の現金決済の禁止

② 公立学校関係の給食費等、公営企業の手数料の現金決済の禁止

③ 年金、奨学金、児童手当、子供手当、生活保護、障がい者向け支給金などをブランドプリペイドカードでの支給にする。

現金決済の禁止により、現状はクレジットカードを多用することとなるが、これらの費用を今まで現金で支払っていたものをカード決済に振り替えるだけなので、カード決済を義務づけても新たな債務負担が発生することはなく、多重債務の問題は生じない。一方、福利厚生関係費をプリペイドカードチャージする方法で支給しても、現金と同じように利用できるなら問題が生じることはない。

そこで、第三に、カード決済できる国や地方公共団体および関連団体の範

囲を拡大し、カード決済を希望する国民に対し、カード決済が円滑になされるよう支援することも考えられよう。

これらの施策を行うことで、キャッシュレス化が大きく進展すると考えられる。

### ⑶　キャッシュレス化が進展することに共通する問題点

しかし、キャッシュレス化を急速に進展させると、その弊害も考えられる。その最大の問題が、スウェーデンの項でも指摘したように、高齢者がキャッシュレス手段に適応できない点である。

これに対しスェーデンでは、少なくとも、2030年までは現金取引は継続するとみており、ごく少数の支店でしか現金の受入れや払い出しをしない銀行に対して、2016年以降もっと現金を扱うように指導している。また、急速にキャッシュレス化が進んだ中国においても、現金の取扱いを拒否する店舗の増加に対し、国務院や人民銀行が現金拒否をしないように通達しており、当面は行き過ぎたキャッシュレスを取り締まる方針をとっている。このような急速なキャッシュレス化は、好ましくないと考えられているようである。

しかし、スウェーデンでは、Swish の利用者は普及当初は若年層が高いといわれていたが、スウェーデンの調査機関 SIFO の最近の調査によると65歳から79歳の69％が利用しているという報道もあり、高齢者もデジタル化に対応できる状況になっている。日本でも、パソコンの保有割合が高く、最近は、高齢者もスマートフォンを保有することが多くなっている。送金アプリやウォレットアプリの利用法の習得や詐欺への警戒など、課題は多いが、インフラ面は整っており、子供から高齢者までの金銭教育、IT 教育を徹底することで問題は解消すると考えられる。

## 5　まとめ

キャッシュレス取引は、銀行の口座決済、電子マネーや EC 業者のアカウントを活用したカード取引やスマートフォン決済だけには限らない。世界では、今ブロックチェーン技術を活用した「電子（デジタル）通貨」が研究され、

現金そのものをなくすことも研究されている。

　スウェーデンでは中央銀行の RIKS Bank が「e クローナ」を、カンボジアの中央銀行は日本発のブロックチェーン技術「IROHA」を使ってデジタル通貨を検討している。日本銀行も数年前から、非公式にデジタル通貨の研究を行っていると言われている。そうすると、将来的には、紙幣や貨幣（硬貨）が発行されない時代がくると考えられる。デジタル通貨は、中央銀行が発行し、直接流通するようになるので、市中の銀行は必ずしも、必要がなくなる可能性がある。

　また、今後は AI と IoT の普及で、契約の自動化、決済の自動化が進展するといわれている。そうなると、キャッシュレス以外の決済方法は考えられなくなり、否応なしにキャッシュレス社会となる可能性が高い。現在のキャッシュレスへの取り組みは、本格的な「現金」レスの入りの段階に過ぎないといえるのではないだろうか。

〔第 2 部第 4 章　吉元利行〕

# 第3部

## デジタル視点で考える
## キャッシュレス社会の未来

第3部　デジタル視点で考えるキャッシュレス社会の未来

## 第1章

# デジタルがもたらす変革

　キャッシュレス社会の未来、という言葉からどんな世界を想像するだろうか。現金は日本人にとって身近な存在である。現金を使うことがなくなる、それは「買い物で現金で支払うことがなくなる」ということだろうか。

　これからの時代はキャッシュレスが浸透する、という話をすると、次のように聞かれることがある。

・現金が電子マネーで置き換わるの？
・クレジットカードを使うようになるの？

　確かにそうした変化も見られるだろう。だが、キャッシュレスの未来を考えるときには、デジタルによる構造の変化を考えるほうがよさそうだ。デジタルの考え方は本質的で重要な変化をもたらす。それは、取引の形を変え、経済活動をも変えるかもしれない。

　本章では次の二つの問いについて考えてみたい。

・デジタルの考え方は取引や経済活動をどう変えるだろうか？
・キャッシュレスの先にはどんな社会がくるだろうか？

第1章　デジタルがもたらす変革

　デジタルテクノロジーは生活、ビジネス、あるいは経済活動に大きな変革をもたらした。最近では、IoT（Internet of Things）、ビッグデータ、AI、フィンテック、ロボティクスなどに注目が集まっている。もっとも、次々と新しい言葉が生まれ、その度にメディアや企業が大騒ぎをする様子は今に始まったことではない。個々の技術の隆盛をここで取り上げるつもりもない。以下では、少し長期的な視点から、その変化の本質を考えてみたい。

　30年という単位で変化を俯瞰すると、1990年代前半にインターネットが市場で広く使われるようになって以降、さまざまな場面でデジタルの世界を前提とするようになった。たとえば、ウェブ（World Wide Web）は広く浸透し、企業はもちろん、公的な機関であっても情報公開にウェブという媒体は欠かせない。Twitter や Facebook、LINE などを介して企業の公式アカウントがさまざまな情報を提供している。

　昔は、満員の通勤電車でつり革を片手に四つ折りにした新聞を読む姿を見かけたが、今では、その代わりに、電車の中はもちろん、喫茶店やレストラン、公園、道路や交差点、あらゆるところでネットにアクセスしているのを目にする。人々は、常時、ネットを介してさまざまな情報を入手し、発信している。コミュニケーション手段もネットを使うが当たり前である。思い返してみれば、普段の生活はネットの存在を前提にするようになって久しい。

　経済活動も変化しつつある。EC（電子商取引）は自宅で買い物をすることを可能にした。今でも近所のスーパーマーケットや郊外のスーパーマーケットは繁盛しているようだが、書籍や衣類などをネットで購入する人も増えてきている。都内で即日、地方でも翌日に商品が届くまでに進化したオンラインショッピングは、驚くほどに便利である。

　音楽もデジタル化の影響が大きい分野である。レコードはもちろん、最近では CD を見ることも少なくなった。今では、必要に応じてネットから好きな曲をダウンロードすることもできる。テレビの視聴スタイルも大きな転機を迎えている。最近の若者はテレビよりもネットの動画を見る時間のほうが圧倒的に長い。放送型からオンデマンド型への変化ともいえるだろうか。

173

第3部　デジタル視点で考えるキャッシュレス社会の未来

　都内では、電車に乗るときに切符を買う人を見ることは減った。ほとんどの人が交通系 IC カードで自動改札を通っている。乗った駅と降りた駅の情報から瞬時に乗車賃が計算され IC カードで支払われる。交通系 IC カードは、他の電子マネー同様、買い物時の支払いにも使われている。

　スマートフォンも経済活動に大きな変化を与えた。電子書籍や新聞の記事、音楽、動画を探し（時には購入して）楽しむこともあれば、ゲームや英会話の勉強で使うこともある。コンサートはスマートフォンでチケットを購入し、そのスマートフォンが入場チケットの代わりになる。ホテルの予約・支払いもスマートフォンで行うことができるし、そのままスマートフォンが部屋の鍵として機能することもある。スマートフォンがあれば目的地を入力するだけでタクシーを呼べるし、目的地についたら暗黙的に支払いが完了している。お店の会員証にもなるし、クーポンも届く。最近では、電子レシートを管理するのもスマートフォンだったりする。考えてみると、今では、あらゆる場面でスマートフォンが活躍していることに驚く。

　デジタルはビジネスにも大きなインパクトを与えた。デジタルテクノロジーが生活に広く浸透するに従って、デジタルの考え方を活用したサービスを提供する企業も多数登場した。GAFA と呼ばれるハイパージャイアント 4社（Google、Apple、Facebook、Amazon）をはじめ、Netflix や Uber、Airbnbなどのユニコーン企業、Alibaba や Tencent に代表される中国大手企業など、イノベーティブな企業の多くは、明らかにデジタルな考え方に強みの源泉を持つ。1990年代初めと現在で世界の時価総額トップ10企業の顔ぶれが大きく入れ替わったことを見れば（〈図表1〉）、構造の変革が起こっていることは容易に想像できる。

　デジタルに強みを持つ企業を調べてみると、経営モデルも以前とは異なることに気づく。従来のヒト、モノ、カネに依存する経営資源モデルでは企業の規模は経営資源の量で表現できた。一方、デジタルカンパニーと呼ばれる、デジタルの強みを最大限に活かした企業モデルでは、デジタルによるスピード、スケール、スコープをテコに指数的な成長を可能にすることを強み

第1章　デジタルがもたらす変革

## 〈図表1〉 世界の時価総額トップ10の企業——1990年と2018年の比較

| | 1992年 | | | 2018年 | |
|---|---|---|---|---|---|
| | 会社名 | 時価総額 | | 会社名 | 時価総額 |
| 1 | エクソン・モービル | 759 | 1 | アップル | 9,098 |
| 2 | ウォルマート・ストアーズ | 736 | 2 | アマゾン・ドット・コム | 8,248 |
| 3 | GE | 730 | 3 | アルファベット | 7,795 |
| 4 | NTT | 713 | 4 | マイクロソフト | 7,576 |
| 5 | アルトリア・グループ | 693 | 5 | フェイスブック | 5,625 |
| 6 | AT&T | 680 | 6 | テンセント・ホールディングス | 4,872 |
| 7 | コカ・コーラ | 549 | 7 | アリババ・グループ・ホールディングス | 4,693 |
| 8 | パリバ銀行 | 545 | 8 | バークシャー・ハサウェイ | 4,621 |
| 9 | 三菱銀行 | 534 | 9 | JPモルガン・チェース | 3,548 |
| 10 | メルク | 499 | 10 | エクソン・モービル | 3,503 |

（億ドル、1992年12月）　　　　　　（億ドル、2018年6月）

出所：株価データから筆者作成

とする。従来のモノづくり型の企業が職人的な技やノウハウを重視してきた
ことに対して、デジタルカンパニーはユーザ（サービスの利用者）にかかわ
るデータを最重要視していることも大きな違いであろう。

　この第3部では、特に、デジタルが経済活動に与える変化について考えて
みたい。たとえば、取引は経済活動の基本的な単位の一つである。お金（現
金）を支払い、商品を受け取る（サービスを受ける）、というシンプルな取引
の行為でさえ、デジタルが浸透する世界では多様に変化する。第3部では、
これを「取引のデジタル化」として説明している。本書の主たるテーマは
「キャッシュレス」であるが、取引のデジタル化は、現金が電子化されると
いう単純な変化ではなく、もっと本質的な構造変革をもたらす。

　以下では、取引のデジタル化の本質的な意味について紹介し、それがビジ
ネスや市場、あるいは経済活動にもたらす大きな変化について考える。第3
部で考察するのは、デジタルの考え方が浸透する時代を見据えた、キャッ
シュレス社会の将来像である。　　　　　　　　〔第3部第1章　中川郁夫〕

**175**

# 第2章

# 取引のデジタル化

## 1 交換の取引からつながりの取引へ

　デジタルは取引モデルの変化をもたらす。従来の市場では財やサービスを貨幣と交換することで取引が成立する。これを「交換の取引」と呼ぶ。一方、デジタル時代には取引は個客（一人ひとりのお客様）の情報に紐づいたサービスを提供することが当たり前になる。これが「つながりの取引」であり、その変化が「取引のデジタル化」である。

　たとえば、コンビニで500円のお弁当を買うことを考えよう。客は500円玉を店員に渡してお弁当を受け取る。日本では500円玉に500円という貨幣の価値があることを、皆が知っている。店は、500円玉を受け取ることでその貨幣価値を手に入れることができるので、その客が誰かにかかわらず、お弁当を提供する。すなわち、匿名を前提として、モノと貨幣の交換で取引が成り

〈図表2〉　コンビニで、現金でお弁当を買う（交換の取引）

立つ。これが「交換の取引」である。

　デジタルは「つながりの取引」を可能にする。デジタルテクノロジーがもたらすメリットの一つは、つながりをたどることでさまざまな情報を取得・参照できることである。中国で急速に普及するシェアサイクルの一つMobike もわかりやすい例だろう。利用者は街の至るところに置いてある自転車に、好きなところで乗って、好きなところで乗り捨ててよい。モバイル決済を介して、乗った時間に応じた利用料金が支払われる。もちろん、時刻情報や GPS による位置情報を参照して、誰が、いつ、どこからどこまで乗ったか、という情報を得られることで可能になったサービスである。このようにデジタル技術を活用して、個客の情報に紐づいたサービスを提供することが「つながりの取引」の特徴である。

〈図表3〉　中国 Mobike の自転車とアプリ

出所：(左) 筆者撮影　　(右) 筆者知人撮影

　「交換の取引」が匿名を前提に「モノとお金の交換」で成り立つのに対して、「つながりの取引」は個客を特定し「一人ひとりに合わせてよりよいサービスを提供する」ことを特徴とする。容易にわかるとおり、つながりの取引は個客メリットの向上余地が大きい。本屋で誰彼かまわず「新書が出ました」と言って回るよりも、その本に興味のありそうな人に、類似の内容の本を読んだタイミングで「こんな本もありますよ」と伝えるほうが、客の立場からみても自然なアドバイス（リコメンド）だと感じるだろう。個客に合わせて

第3部　デジタル視点で考えるキャッシュレス社会の未来

よりよいサービスを提供しようと考えれば、個客のことを詳しく知りたいと考えるのは自然な発想である。

技術は指数的な速度で進歩している。スマートフォンなどの情報端末の急速な発達と浸透やデジタルテクノロジーの進歩によって、情報を収集、蓄積、分析するコストはゼロに限りなく近づいていく。大局的に見ると、デジタルの考え方が浸透するに従って、少しずつ、ゆっくりではあるが、市場は「交換の取引」から「つながりの取引」にシフトしていくのは間違いない。

## 2　交換の取引の特徴

つながりの取引を分析する前に、交換の取引について簡単に整理しておこう。なお、ここでは、学術的な正確性・厳密性よりも、つながりの取引との比較のための概念的な理解を優先したい。

交換の取引は第一次・第二次産業革命以降の大量生産・大量消費を前提とする市場で急速に広がった。造り手（メーカ）は市場に多数の買い手が存在することを期待して、同じものを大量に生産する。生産された商品は流通を経て、小売店で消費者の手に届く。小売の店舗では、商品と消費者が持っているお金を交換することで一つの取引が完了する。

典型的な交換の取引にはいくつかの特徴がある。たとえば、「匿名」はその一つである。造り手は市場でいくつの商品が売れるかを重視するが、それを買う個人が誰かは知らない。市場は「マス」ととらえられ、何十万や何百万もの人が商品を買うことを予測して商品開発が行われる。ただし、商品を買ったのが誰で、それをいつ、どのように消費しているかは把握されない。

匿名取引ではお金が重宝される。客が誰かによらず一定の貨幣価値が得られることが重要である。客が誰かによらず、代金が得られれば、商品を渡すことができる。取引が「財やサービスを貨幣と交換する」ことと考えられている所以である。

取引に際しては、財やサービスを貨幣と交換する「点」の情報、すなわち販売時点情報が重視される。今でもほとんどの小売店にはレジが存在し、

178

POS（Point of Sales）が取引を行ううえでの主要な機能である。だが、商品は売った「点」までは管理されているが、消費者の手に渡ったあと具体的にどのように使われているかを把握する手段はない。取引における供給側の興味はモノが貨幣と交換される点までである。

また、交換の取引は売り切りモデルが主である。商品を購入したのが誰で、それを、いつ、どのように使って、どのようなメリットを享受するかを数値化、可視化することは難しい。このことは価格設計にも影響する。商品を購入した個々人のメリットを勘案するのは難しいため、価格は供給側の理屈で決められる。価格は、原材料費、物流コスト、人件費などを考慮した「原価」に利益を乗せたものと考えるのが一般的である。

## 3　匿名から顕名へ

つながりの取引は「匿名」ではなく「顕名」であることを重視する。客が誰か、という情報がサービスを提供するうえで極めて重要である。デジタルテクノロジーはサービスを提供する際にさまざまな情報を得ることを可能にする。顕名を前提とすることで、その個客に紐づく属性や過去のサービス利用実績を含めて、さまざまな情報をサービス提供時に参照することができる。

### ⑴　ディズニーの MagicBand

ディズニーの MagicBand[1] をご存知だろうか。米国フロリダにあるウォルト・ディズニー・ワールドでは、MagicBand と呼ばれるリストバンドを身に着けてテーマパークを楽しむことができる。

MagicBand は、個人を特定する情報はもちろん、クレジットカード情報、属性、好み、計画などが紐づけられている。ホテルに着いた来訪者はフロントに立ち寄ってチェックインする必要はない。部屋の鍵に MagicBand を近づけるだけで部屋に入ることができる。テーマパークへも MagicBand をかざすだけで入場できる。MagicBand はファストパス（FastPass+）としても活

---

1　宮田健〈https://mynavi agent.jp/it/geekroid/2014/07/ 4 magicband.html〉（Geekroid ニュース）

〈図表4〉 ディズニーが提供する MagicBand

出所：アメリカの shopDisney で販売されている。

躍する。パーク内でクルーが撮ってくれた写真を MagicBand の情報を介して来訪者に届けてくれる PhotoPass というサービスもある。レストランでは MagicBand に登録されたクレジットカードで支払いが行われる。当然ながら、現金を持ち歩く必要はない。

属性情報も参照される。たとえば、ディズニー・バケーション・クラブのメンバが MagicBand を使うと、エントランスのゲートが特別な色で光る[2]ため、クラブメンバであることが容易に認識できる。クルーからは「Welcome Home（おかえり）」と言って歓迎されるという。

MagicBand が目指すものは顕名サービスである。その個客が誰かが重要な意味を持つ。年間数千万人[3]と言われるテーマパークへの来場者に対して匿名かつ公平・平等にサービスするのではなく、個客、すなわち一人ひとりのお客様に合わせてよりよい体験を提供しよう、というチャレンジである。

## (2) ZOZO の ZOZOSUIT

株式会社 ZOZO（旧スタートトゥデイ）は2017年11月に ZOZOSUIT と呼ばれる採寸スーツを発表した。全身の1万5000カ所を採寸できる伸縮センサーを内蔵したボディスーツで、その人の体系を細かく採寸し、一人ひとりに合わせた服を作るサービスを提供する、という。同社が目指すものは、衣類に必要な寸法に関する情報を一人ひとり個別に把握し、顕名個客にジャストフィットする服を作ることである。

いろいろな理由から、結果的に消費者の手元に届けられたのは、センサー型ではなく、スーツ全体に施されたドットマーカーをスマートフォンのカメラで360°撮影するタイプのものに変わったが、同サービスの狙いの本質は変

---

[2] the Team TRITON 〈https://the-team-triton.com/magicband-2-debut-at-wdw/〉
[3] Tomo 〈https://castel.jp/p/815〉（CASTEL：㈱ジーニング）

〈図表5〉 ZOZOSUIT

初期モデル

現モデル

写真提供：株式会社ZOZO

わっていない。ZOZOSUITが目指すものは、人間が服に合わせるのではなく、顕名個客に合わせた服を作ることである。

考えてみると衣料の世界も長く匿名が当然とされてきた。衣料品の造り手は複数のサイズの服を作って販売しているが、それは、数万人、数十万人の匿名大衆に対して数種類のサイズを提供しているに過ぎない。買い手は、数種類のサイズの中から、自分の身体に一番近いものを選ぶだけである。オーダースーツなどの、一人ひとりのサイズを採寸してスーツを作ってくれるサービスもあるが、高価で特別感のサービスであることは否めない。

一方、ZOZOSUITが目指す世界は、より広い市場に対してパーソナライズされた衣服を提供する。そこでは、個客が誰かが重要な意味を持つ。個客に合わせて、厳密には、個客の現在の体型に合わせて、ジャストフィットする服を作ってくれる。同分野でも匿名から顕名への動きが浸透するかもしれない。

## 4　点から線・面へ

デジタルテクノロジーは商品やサービスが使われている状況を可視化する。従来の交換の取引では商品を販売する「点」でしか取引を認識していなかったが、つながりの取引では、客が商品やサービスを「誰が」「いつ」「ど

こで」使っているかを把握することも可能である。つながりの取引は、点ではなく時間や場所を含めた「線・面」でのサービス提供が可能である。

交換の取引では、販売時点情報をPOS（Point of Sales）として把握するのに対して、つながりの取引ではPOU（Point of Use）を重視する。

(1) Mobikeに見るつながりの取引

前述の例で紹介した中国のシェアサイクルサービスであるMobikeについて見てみよう。利用者は、スマホアプリで自転車の鍵を解錠する。街の中に置いてある自転車を見つけたら、どこで乗っても、どこで降りてもかまわない。乗った時間に応じてモバイル決済を介して課金される。アプリで利用可能な自転車がどこにあるかを、地図上で簡単に探すこともできる。30分で十数円程度と値段も安いことから、利用者は多い。

シェアサイクルの登場は構造的な変化をもたらした。消費者視点では、自転車の「所有」から「利用」に変わったことが最大の変化である。供者側の視点では「販売」から「時間貸し」に変わった。GPSによる位置情報を使って、誰が、いつ、どこでその自転車を使っているのか、ということが簡単に把握できるようになったことがこのような変化をもたらした。

余談になるが、先日上海を訪れた際に見かけた光景が印象的だった。早朝、街の中に放置されたシェアサイクルを回収するトラックが走っていた（〈図表6〉）。考えてみると、サービス上は「好きな所で乗って、好きな所で乗り捨ててよい」とはいっても、みんな勝手に乗り捨てていたら偏りができる。なるほど、GPSの位置情報で「最後に使った場所」がわかるため、必要に応じて自転車を回収し、ニーズが多い場所に再配置するのもサービスの一環なのだと感心した。

〈図表6〉 シェアサイクルの自転車を回収しているところ

出所：筆者知人撮影

第 2 章　取引のデジタル化

(2)　**自動車保険に見るつながりの取引**

　線・面に広がるサービスは、自動車保険にも見られる。旧来の自動車保険は年単位の契約を基本とするが、普段から車を使う人と、週末だけ、あるいは月に1～2回だけ車を運転するという人が同じ条件で契約をすることに違和感を感じたことはないだろうか。

　これに対して、PAYD（Pay As You Drive）と呼ばれる自動車保険では、運転した時間と走行距離に応じて保険料が決まるため、ドライバにとって無駄のない保険として注目を集めている。契約者が運転している時間を正確に把握できるため、実は、保険会社にとっても理にかなったリスク計算が可能である。PAYDも、GPSによる位置情報を用いて、誰が、いつ、どこで、という情報が簡単に手に入ることになったことで可能になったサービスである。

(3)　**スマートロックに見るつながりの取引**

　スマートロックも興味深い。スマートフォンを使って鍵の解錠をするスマートロックと呼ばれる商品が広まりつつある。スマートロックは電子錠の進化したものであり、スマートフォンに保存された電子的な情報に応じて鍵の解錠・施錠が可能になるものと考えられがちであるが、実際はクラウドサービスを介して、時間と対応する鍵の制御が可能なものが多い。つまり、誰が、いつ、どこの空間を利用することができるか、を考慮したサービスで

〈図表7〉　スマートロック

Akerun Pro

写真提供：株式会社フォトシンス

Ninja Lock

写真提供：株式会社ライナフ

183

あり、これも、つながりの取引の一例である。スマートロックを提供するベンチャー企業が狙うのは、鍵や錠前の市場ではなく、つながりの取引の仕組みを活かして、不動産市場や貸会議室の市場への展開を狙っていると考えるほうが自然だろう。

## 5　モノから体験へ

つながりの取引は、個客の行動や体験をサービスに取り込むことを可能にする。前述のとおり、交換の取引は商品を販売する点の情報を重視する。消費者がその商品をどのように使うかは感知しない。一方、デジタルテクノロジーはさまざまな形で個客の行動を把握することに可能にし、個客の体験をよりよいものにしようとするサービスが登場している。

### (1)　電子書籍に見る体験の向上

アマゾンの Kindle や楽天の kobo で本を読んだことはあるだろうか。電子書籍という話をすると、紙の本が電子化されたと考える人が多いようだが、ここでは、もう少し踏み込んで考えてみたい。

筆者はアマゾンで電子書籍を購入し、Kindle で読む機会が増えた。たとえば、アマゾンで書籍を検索し、見つかった本を購入する。Kindle には過去に購入した本のリストがあり、現在読んでいる本は自宅のタブレットでも、出張中のスマートフォンでも同じページから読むことができる。それはどのような意味を持つのだろうか。

電子書籍の本質をとらえるには、本が電子化されたと考えるよりも、読書体験がデジタル化される、と考えるべきである。デジタルの世界を起点に考えると、どのような本を探して、どのような本を見つけて、どのような本を購入して、今、自分の本棚がどうなっていて、何という本を何ページまで読んだのか、などがデジタル空間に記録されていることは容易に想像できる。加えて、アンダーラインの場所やメモ書きの情報、さらには、本の読み方までわかるため、興味のアル・ナシ、得意な分野・苦手な分野、勉強しようとしているテーマ、さらには知的レベルまで、およそ読書体験に必要な情報は

すべてデジタル空間において記録・参照が可能である。

電子書籍のプラットフォーマーは、個客に合わせてよりよい読書体験を提供しようとチャレンジしている。単に今読んでいる本と関連性の高い本を紹介するだけではなく、読書体験にかかわる多様な情報を参照しながら、さらには似た読書体験や興味・知識レベルを有する人の情報も参考にしながらお薦めの本を選んで紹介する。

〈図表8〉 電子書籍リーダ（Amazon Kindle）

出所：筆者知人撮影

そこでは、媒体が紙から電子に変わったということよりも、取引の対象がモノから体験に変わったことのほうがはるかに重要な意味を持つ。

## (2) PHYDに見る体験の向上

前述の自動車保険PAYDからもう一歩進んだものに、PHYD（Pay How You Drive）と呼ばれるものがある。PAYDでは、走行データを参照して、誰が、いつ、どこからどこまで運転したか、という情報をもとに自動車保険の保険料を算出していた。そこで集まった多数のデータから、たとえば、アクセルの踏み方、ブレーキのかけ方、カーブの曲がり方、などを参照し、安全に運転しているかどうかを判断して保険料を算出するのがPHYDである。

従来の自動車保険は、契約時に紙1枚にサインして保険が適用されるのが一般的であることに対して、PAYDは、誰が、いつ、どこからどこまで運転したかを考慮する。PHYDは、さらに誰が、どのように運転しているかを考慮して保険料を算出する仕組みであると言える。これも、広義の意味で、体験（どのように運転しているか）に関する情報をサービスに反映させようという取り組みである。

## 6　原価から成果へ

つながりの取引では、個客がサービスによってどのような体験をし、どのような価値を得たか、ということを把握しようとするケースも出てきている。つながりの取引では「その個客が得た成果は何か」、「なぜ、個客がそのサービスにお金を支払うのか」を考えることが重要な意味を持つ。

### (1)　ノバルティスの成果への取り組み

医薬品メーカのノバルティスは薬を提供する企業から、患者一人ひとりの病気が完治するまでのサポートを行う企業に変わろうとしている。そこでは、造り手の理論で作ったものを売るのではなく、個客が求める成果を実現するサービスにシフトすることが変革の本質である。

同社が提供する「ジレニア」と呼ばれる薬がある。20歳代から30歳代の若い女性にみられる「多発性硬化症」向けの薬である。この病気は認知が難しく、再発しやすく、治療に時間を要するという。ノバルティスは単に薬を売るのではなく、患者一人ひとりの状況を詳しく把握することから始めた。患者の症状に合わせて治療プログラムを提案し、治療や投薬履歴、症状の変化をプラットフォーム上で管理し、遠隔モニタリングを含めた、サポートサービスを展開している。

〈図表9〉は、一般的な薬の販売と患者サポートの様子を示している。折れ線は患者の健康状態である。あるとき、病気が発症し、薬を購入する。何度か薬を使いながら少しずつ健康を回復していくことを表現している。

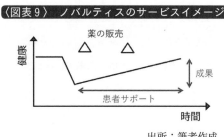

〈図表9〉　ノバルティスのサービスイメージ

出所：筆者作成

従来、市販の薬の販売は流通と小売を介して薬局の店舗で売られることが多い。図中、三角形は薬の販売を表している。薬局では、現金と交換で薬を販売する「交換の取引」が行われる。薬メーカが、

薬を購入した個人を特定し、その病状を把握することはない。

ノバルティスが提供する患者サポートサービスは患者一人ひとりの病状を把握する。治療プログラムの提案、治療・投薬履歴、症状の状況管理、遠隔モニタリングを通して、個客が健康を取り戻すこところまでをサービスとして提供する。薬を売ったら取引完了、ではなく、患者がなぜその薬を必要とし、どうやって健康を取り戻すかを考えた「つながりの取引」である。

ノバルティスは、成果報酬型で薬を提供するビジネスモデルでも注目を集める。日本では法制度が追いついていないために提供が遅れているが、米国など、すでに海外では成果報酬型の薬の提供が始まっている。薬を売ったからいくらという供給側の理論による値付けではなく、患者の病気が改善したらいくらという個客の成果に基づく値付けである。

交換の取引では、商品やサービスを提供した後、個客の状態を知る手段はなかった。そのため、原材料費、物流費、人件費などの供給側のコストをベースとして商品やサービスの値段が決まることが一般的である。一方、つながりの経済では、個客が、なぜ、その商品やサービスを必要としており、どのようにそのサービスを使い、どのようなメリットを享受したか、あるいはどのような成果を手に入れたか、を重視する。個客価値、すなわち、成果ベースの値付けを行うケースも登場している。

### (2) ミシュランの成果への取り組み

ミシュランは業務用トラックのタイヤに対して成果報酬型のサービスを応用した。タイヤを販売するのではなく、同社のタイヤを使って走行した距離に応じて課金する「Pay By The Mile」というサービスである。

同社が提供するタイヤにはセンサーがついていて、走行距離のほか、タイヤの状態やパンクの検出なども行う。同社はトラックの走行状況やタイヤの状況モニタリング、異常時のサポートなどを包括的に行う。

〈図表10〉の三角はタイヤの販売の様子を表している。もともと販売だけを行っていたときには、タイヤを貨幣価値と交換した時点で取引は完了しており、個々のトラックがどのように走っているか、何キロ走ったか、は重要

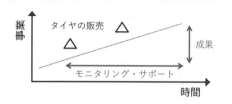

〈図表10〉 ミシュランが提供するトラック用のタイヤサービス

出所：筆者作成

ではなかった。

一方、Pay By The Mileは、誰が、いつ、どこで、どのように、そのタイヤを使っているのかを把握する。矢印で示されるように、買い手がタイヤを使っている間もモニタリング・サポートを行うことによって、走行距離という成果、つまりタイヤの持ち主が得た価値をもとに課金するという新しいモデルを打ち出した。

## 7　つながりの取引による5W1H型のサービス

ここまで見てきたとおり、つながりの取引は個客に紐づくさまざまな情報を参照することを特徴とする。

従来の交換の取引では、購買時点（Point of Sales）が情報の境界点であったことは「点」の取引で説明したとおりである。交換の取引では、買い手が現金を支払う、すなわち貨幣が持つ価値を提供する時点で取引は完結する。現金支払いを前提とする（現金による支払いが可能な）取引では、それ以降の情報を参照することを想定していない。

一方、つながりの取引では、財やサービスと貨幣を交換した時点で取引が完了するとは考えない。サービス提供の前後、時にはサービスの前から、顕名個客を特定し、誰が（who）、なぜ（why）、何を（what）、いつ（when）、どこで（where）、どのように（how）そのサービスの提供を受けているか、すなわち5W1Hにかかわる情報の一部もしくはすべてが意味を持つ。つながりの取引は、供給側の理屈ではなく、個客に合わせて、よりよいサービスを提供することが差別化要因であり、価値とみなされる。

## 8　つながりの取引とキャッシュレス

「交換の取引」ではお金が重要な役割を担う。匿名を前提とし、モノやサービスを貨幣と交換することで取引が成立する世界では、お金が信用や貨幣価値を表現する。たとえば、500円玉に500円の価値があることを誰もが知っているので、その客が誰かによらず、500円相当の商品と「交換」できる。そこでは、客が誰かよりも、いくらのお金を持っているかが重要だった。現金は客が誰かを示すことなく取引を成立させる。別の見方をすると、現金は、取引において、客に関する情報を断ち切る効果がある、とも言える。

「つながりの取引」は顕名を前提とし、個客一人ひとりを特定することが重要な意味を持つ。個客に紐づく情報にもとづいて、一人ひとりによりよいサービスを提供することが重視される。お金は個客に紐づく情報の一つでしかない。必然的に「つながりの取引」はキャッシュレスと親和性が高い。デジタルテクノロジーによって取引モデルが大きく変化していくことを考えると、支払いの形も自然と変化していくことが容易に想像できるだろう。

〔第3部第2章　中川郁夫〕

第 3 部　デジタル視点で考えるキャッシュレス社会の未来

## 第 3 章

# デジタル化が意味するもの

## 1　変化する市場構造の前提

　ここまでは、デジタル化による取引モデルの変化について見てきた。以下では、取引モデルの変化が市場構造にどのように影響するかを考察しよう。

　実は、つながりの取引は古くから存在していた。たとえば、近所や知り合いを中心とするコミュニティ内での取引は、相手の顔が見えることが前提であり、つながりの取引そのものだったとも言える。八百屋の店主が近所のおばさんに大根を 1 本サービスしたり、馴染みの店でツケ払いをしたり、というのは今でも見られる光景かもしれない。一見さんお断りのお店もまだ残っているだろう。これらは、人と人のつながりが取引の前提である。だが、人の顔を覚えることを前提とする取引は商圏が限られるため規模のビジネスとは相反する。

　産業革命は取引モデルを大きく変えた。機械化により大量生産が可能になり、鉄道をはじめとする輸送技術の進歩は商圏を大きく広めた。印刷や通信技術の発展により万人に広告が届く時代になった。市場は規模（スケール）を優先し、大量生産・大量消費時代に突入した。

　この時代は、人と人のつながりを疎にし、匿名大衆を対象とすることで規模の経済を追い求めた。また、匿名大衆を対象としてモノを貨幣価値に置き換える手段として「お金」が重要な役割を担った。財やサービスを貨幣と交

190

換することで取引が成立する「交換の取引」が中心的な役割を果たしたのは、この時代である。

　技術の進歩とともに、あらためてつながりの取引に注目が集まっている。デジタルテクノロジーは規模の経済を保ったまま、つながりの取引のメリットを再現しようとしている。そこでは、個客に紐づく情報に基づいて、個客によりよいサービスを提供することが差別化要因になる。誰が、何を、なぜ、いつ、どこで、どのようにサービスを享受するのか。デジタル時代の「つながりの取引」を、グローバルな市場に向けて提供する事例が出始めている。

## 2　片方向から双方向へ

　デジタルテクノロジーの進歩は個客と事業者の間に双方向のコミュニケーションを生み出す。個客の情報に紐づくつながりの取引は、片方向ではなく、双方向のコミュニケーションが前提である。

　大量生産・大量消費型の市場では、コミュニケーションは造り手から買い手への片方向で行われる。交換の取引では「モノ」を「お金」と交換することで取引が完了する。お金は誰から受け取っても同じ価値しか持たない。そこでは「誰が客か」よりも「何人の客がいるか」が重要である。造り手は印刷・放送・通信（新聞、テレビ、ウェブ、等）を介して広告によってモノのよさを「市場」に対して訴えかけるが、対象はあくまでも匿名大衆である。匿名大衆をマスととらえて市場分析をすることはあっても、個客一人ひとりを特定して商品やサービスが提供されることはない。そこでは"1 to N"のブロードキャストが基本である。

　顕名個客を対象とするつながりの取引では、個客一人ひとりに関する情報が収集、蓄積されていく。事業者は個客に紐づく情報が蓄積されるに従って、よりよい商品やサービスを提案することができる。市場に向けたマーケティングも行われるが、それと同時に、個客との情報のやり取りを重視する。つまり、コミュニケーション（購買行動を含む、個客の情報が事業者に蓄積されていくこと、あるいは個客からの何らかのフィードバックがあるという意

**191**

味での広義のコミュニケーション）の形はＮ人分の"1 to 1"である。

　振り返ってみると、昔ながらの人と人の対面取引は双方向だった。大量生産・大量消費型の市場構造では、匿名大衆を対象にしたモノと貨幣の交換が主であり、印刷・放送・通信などを介した片方向のコミュニケーション（広告）が経済活動の中で重要な役割を果たした。昨今のデジタルテクノロジーは個客に紐づくさまざまな情報の取得・収集によって、規模を保ったまま、個客と事業者の双方向コミュニケーションを復活させようとしている。

## 3　モノからヒトへ

　コミュニケーションが片方向から双方向にシフトすることによって、ビジネス上の競争力はモノからヒトに移っていく。

　コミュニケーションが片方向だった時代には「よいモノを作れば売れる」と言われた。モノのよさを追求し、そのよさを市場に伝えることができれば、買ってくれる人は必ずいる、という職人気質とも言える考え方が受け入れられてきた。その考え方は、理想的なモノ作りの原点ともいえるかもしれない。企業はモノづくりの職人的な技やノウハウを重視した。交換の取引を前提とする企業では、よいモノを作り出す製造部門と作ったモノのよさを市場に適切に伝える広報部門が重要な役割を担う。

　コミュニケーションが双方向になると、本人が意識するかしないかにかかわらず、さまざまな形で個客からのフィードバックを受けられる。取引は、モノやサービスのよさに加えて、個客がより満足し、価値を感じることが重視される。テクノロジーの進化によって、詳細かつ多様な情報が収集・蓄積・解析されるようになることで、ますます個客であるヒトに寄り添ったサービスが提供されるようになるだろう。企業が重視するのは顕名個客に紐づく情報の価値である。デジタルテクノロジーは個客とのコミュニケーションを進化させ、企業は、取引において、より個客、すなわちヒトにかかわる情報を重視するようになる。

## 4 信頼の構造の変化

　交換の取引からつながりの取引にシフトするとともに、市場における信頼の構造も変化しようとしている。

　大量生産・大量消費の市場では、ブランドは信頼に代替する。消費者は、名前の知られていない商品よりも、名の通った商品のほうが安心であると考える傾向にある。片方向のコミュニケーションモデルでは、マスマーケティングと呼ばれる手法を用いて、商品もしくは造り手の名前を消費者に印象づけることで信頼を確立しようとするのが主流とされた。テレビには、好印象の有名な俳優によるコマーシャルが流れ、繰り返し、繰り返し、商品や造り手の名前をアピールした。事実、飲み物を購入すること一つを考えても、スーパーやコンビニ、あるいはドラッグストアに並ぶ飲み物の中から、ついつい選ぶのは有名な飲料メーカのものではないだろうか。筆者も、何気なく買い物をしていると、有名な酒造メーカの缶ハイボールに手が出てしまう。まったく知らない酒造メーカの飲料は、多少安く販売されていても手が出にくいものである。

　つながりの取引を前提とする市場では、個客は、つながりの密な事業者を選ぶ傾向にある。確かに、自分のことをよく知っていて、大事にしてくれる事業者と取引しようとするのは理にかなっている。

　ネット通販の世界では、アマゾンはそのプラットフォームに信頼の構造を持たせようとしているように見える。ある商品を購入したときに、その商品が手元に届かなかった、あるいは故障していた場合に、アマゾンは自社の責任で返金もしくは代替商品と交換してくれる。返金の仕組みが用意されていれば、無名の造り手であっても、買ってみようか、という気になる。プラットフォーマーとしてのアマゾンが、つながりの取引における信頼の主体として機能している例であろう。

　電子書籍の世界ではプラットフォーマーの存在が読書の幅を広げてくれる。アマゾンの Kindle で電子書籍を読んだ後に「この本を読んだ人はこん

な本も読んでいます」とお薦めされるのは有名である。他の読者のレビューや評価なども参照できるので、的外れの本を買わされるという心配もさほどない。自分の興味や知識レベルに合わせて、自分の知識を広げる手助けをしてくれている、と考えれば、著者のことを知らなくても、買ってみようかという気になる。

　サブスクリプションモデルになれば、その傾向はもっと明確になる。当初は自分で選んでいたとしても、やがて事業者が薦める商品をいろいろと試すようになるのは自然なことだろう。Netflix は、視聴される動画の実に75%以上が同社のお薦めによるものであると報告している[1]。

　Netflix は1997年に郵送 DVD レンタルのサービスをオンラインで提供する事業者として創業した。2007年にはオンラインストリーミングに主軸を移し、やがてオリジナルコンテンツの提供を始めた。現在では、サブスクリプションモデルの動画サービスとして 1 億2500万人[2]が利用するサービスに成長した。同社は極めて高い技術力を有しており[3]、個客の視聴記録、視聴傾向に基づいたリコメンドシステムは定評がある。視聴の75% がお薦めから、という数字を見ても、同システムが利用者からの信頼を勝ち得ていると言ってよいだろう。

　とはいえ、つながりの取引において信頼を確立するのは容易ではない。つながりの取引がプライバシにかかわる問題と表裏一体であることも、その理由の一つである。何度も繰り返しているとおり、つながりの取引では「個客に紐づく情報」に基づいて「個客に対してよりよいサービスを提供する」ことを重視するが、そこでは、消費者が享受するメリットとプライバシへの配慮のバランスが極めて重要である。

　消費者が自らのデータを提供する、もしくはデータの利用を許諾するのは、消費者にとって明確なメリットがある場合である。事業者がもっぱら自

---

1　中谷和世ブログ〈http://kazuyonakatani.com/netflix/〉
2　Peter Kafka〈https://www.recode.net/2018/ 4 /16/17243676/〉（recode：Vox Media）
3　Netflix Technology Blog〈https://medium.com/netflix-techblog〉

社の利益ためにデータを利用する、あるいは、第三者に提供することを目的にデータを集めようとしているのが分かると、消費者はすぐに離れてしまう。

慶応義塾大学の國領二郎氏は『ソーシャルな資本主義──つながりの経営戦略』の中で「いかに『信頼されて、見せてもらえる』事業者になれるかが、競争上のポイント」であり「そのような信頼は、単に善意だけでは得られず、しっかりとした情報技術への理解と基盤への投資をして初めて勝ち取られるもの」だと説く。企業は、個客を第一に考え、顧客によりよいサービスを提供することと同時に個客の情報を適切に扱うに相応しい技術を有することが必要であろう。

〔第3部第3章　中川郁夫〕

第3部　デジタル視点で考えるキャッシュレス社会の未来

## 第4章

# キャッシュレスから広がる中国の経済システムの変革

## 1　中国におけるキャッシュレスの事例

「芝麻信用（Zhima Credit）」の登場は衝撃だった。中国で8億人以上が利用する[1]モバイル決済の仕組みを提供するアリペイ（現・蚂蚁金服：Ant Financial）が2015年にスタート[2]したスコアリングサービスは、利用者一人ひとりに対して「信用スコア」を付与する。一見、レンディングや買い物の際に参照される与信情報のように見えるが、実態は大きく異なる。個客に紐づく情報を活用した信用モデルを形成し、同モデルに基づく新しい経済システムを構築しようとしていると言っても過言ではない。

以下では、芝麻信用の背景や活用モデルを紹介し、中国でキャッシュレスをきっかけとして変革を遂げる新しい経済システムについて考察しよう。

## 2　アリペイ

アリペイの事業は、2004年に、中国のアリババ（阿里巴巴集団：Alibaba Group）配下の電子商取引サイト「淘宝網（Taobao.com）」向けに決済プラッ

---

1　NCB Lab. 編集局〈https://www.paymentnavi.com/paymentnews/73369.html〉（ペイメントニュース）

2　柏木亮二「信用のプラットフォーム『芝麻信用』」金融ITフォーカス2017年10月号14頁（野村総合研究所）

196

トフォームを提供するところから始まる。電子商取引では、第三者を仲介して代金を支払うエスクローと呼ばれる仕組みが必要とされた。買い手がアリペイに電子マネーとしてお金を預けておいて、商品を受け取ったことを確認した後、売り手に代金を支払う仕組みで、ネット上でも安心して買い物ができるようになった。

2009年にはモバイル決済アプリ「支付宝（Alipay）」を提供し、オフラインかつグループ外の店舗での買い物の決済でも利用できるようになった。アリペイの決済サービスは、2018年3月現在で8.7億人が利用[3]、トランザクション数はイベント時で秒間25万6000件[4]、決済総額は2017年第4四半期で20.5兆元[5]（348.7兆円）にも上る。

アリペイの支付宝は、テンセント（騰訊、Tencent）が提供する「微信支付（WeChatPay）」と並んで、中国国内のキャッシュレス浸透に大きく貢献した。もともと、金融サービス・金融インフラが貧弱であり、ニーズが十分満たされていなかったことが中国でモバイル決済が急成長した要因である[6]、との

〈図表11〉 QRコードによる中国のモバイル決済

出所：筆者撮影

---

3 アリババプレスリリース〈https://www.alibabagroup.com/en/news/press_pdf/p180504.pdf〉
4 タイペイ・タイムズ〈http://www.taipeitimes.com/News/front/archives/2017/11/12/2003682109〉
5 MSN Japan〈https://www.msn.com/ja-jp/money/news/ 中国モバイル決済2巨頭のシェアは計92% uFF0F41percent、alipayが54percent超/ar-AAvxBiz〉
6 藤田哲雄「転換期を迎えた中国のフィンテック」RIM 環太平洋ビジネス情報18巻69

第3部　デジタル視点で考えるキャッシュレス社会の未来

見方もあるが、いずれにせよ、今となっては、中国は世界でも有数のキャッシュレス社会になったと言ってよいであろう。

〈図表11〉の左の写真は2018年6月に上海に視察にいった際に撮影した、上海市内の家電ショップでの買い物の様子である。家電ショップには支払い用のレジはなかった。代わりに、電子ジャーや扇風機、テレビなどの商品の値札にQRコードが印刷されていて、スマートフォン上のアプリでQRコードを読み込むことで、その場で決済を行うことが当たり前になっている。

右の写真は、同視察において、上海の宝山寺を訪問したときに撮影した賽銭箱である。すでに、中国には現金を持ち歩かない人が増えた。街の中ではスマートフォンによるモバイル決済であらゆる買い物ができるため、現金も財布も持っていないことが当たり前になっている。そのため、賽銭箱でさえ、時代の流れでQRコードを印刷して貼っておくようになったのだという。そういえば、中国人の知人が日本に旅行にきたときに「日本にきて最初に買ったのは財布だった」と話していたのを思い出す。中国ではすでに現金を必要としない社会が浸透しはじめているようだ。

## 3　決済サービスから資産口座サービスへ

アリペイが次に大きく舵を切ったのは2013年に立ち上げた「余額宝（ユエバオ）」[7]である。前述のとおり、アリペイには買い手が電子マネーとしてお金を預けておく仕組みがある。滞留資金と呼ばれるこのお金を、利息がつくMMF（マネー・マネジメント・ファンド）口座に預けるサービスが登場した。

余額宝は、支付宝の決済口座としても指定可能であり、決済サービスとの親和性にも優れた。さらには、中国の銀行預金の利回りが2〜3％だった2013年当時、余額宝の利回りが6％前後[8]だったこともあり、利用者が急

---

号53頁（日本総研）

7　GloTech Trends〈https://glotechtrends.com/alipay-yuebao-money-fund-171218/〉

8　李立栄「急成長する中国のコンシューマー向けインターネットファイナンス」野村資本市場クォータリー2015年夏号82頁（野村資本市場研究所）

増し、2017年第三四半期末時点で資産残高は1兆5600億元（約26兆円）[9]に達した。開始からたった4年で世界第1位のMMFサービスに成長したことは驚きである。

## 4　決済・資産口座サービスから信用スコアサービスへ

アリペイは、決済サービスとしての支付宝、資産口座サービスとしての余額宝に続けて、2015年に信用スコアサービス「芝麻信用（Zhima Credit）」を立ち上げた。個客、すなわち、ユーザー人ひとりに対して、アリペイが第三者評価として信用スコアを算出し、信用情報として提供するサービスである。

芝麻信用は、さまざまな情報から個客の信用スコアを算出している。前述のとおり、従来のサービスから購入・支払履歴や資産口座情報を有していた。さらに、学歴や職歴、交友関係・人脈なども集めて参照している。オフィシャルサイトによると、芝麻信用は次の5つの基準で信用スコアを算出している[10]。

〈図表12〉　芝麻信用のアプリ画面

出所：筆者知人撮影

・身分特質（ステータス、学歴、職歴）

・履約能力（支払能力）

・信用歴史（クレジットヒストリー）

・人脈関係（交友関係、人脈）

・行為偏好（消費面の際立った行動）

また、芝麻信用では、個客の信用スコアを350点〜950点の間の一意な数値で表現する。点数が高いほど信用度は高く、次のようにランクづけされる。

・700点〜950点　「信用極良」

・650点〜699点　「信用優秀」

---

9　GloTech Trends 〈https://glotechtrends.com/alipay-yuebao-money-fund-171218/〉
10　前掲（注2）

第 3 部　デジタル視点で考えるキャッシュレス社会の未来

・550点〜599点　「信用中等」

・350点〜549点　「信用較差」

　アリババグループが発信する情報によると、芝麻信用の登録ユーザ数は2.5億人を超えた[11]。農村部では浸透に時間がかかっているようだが、都市部では相当数の消費者が同サービスの利用を始めている。芝麻信用による信用スコアは数値が高ければ高いほど便利なサービスが享受でき、かつメリットも大きいため、ネット上でも、まとめサイトのような形で、信用スコアを上げるための TIPS やノウハウが共有されているという[12]。

## 5　信用スコアのプラットフォーム化と新しい経済システムの登場

　芝麻信用は第三者への信用スコア情報の提供を始めた。中国市場では、芝麻信用で評価・算出される個客の信用スコアを参照して、個客に合わせたサービスを提供する企業や店舗が登場している。信用スコア情報の提供はAPI を介して行われる。審査を受けたサービス提供企業や金融機関は、APIを介して個客の信用スコアの参照が可能になる。API の利用料は 1 回 2 元である[13]。

　企業に対し、あるいは小売・サービス事業者に対し、第三者が算出する信用スコアがプラットフォーム上で提供されたことは、中国の市場に大きなインパクトをもたらした。信用スコアに応じたサービス提供や、信用スコアに基づく商品販売が可能になったのである。

　たとえば、ソーシャルファイナンスや消費者金融の審査で利用される。信用スコアが高ければ金利優遇などもあり得る。もともと、与信にかかわる情

---

11　Alibaba Group 2017 Investor Day〈https://www.alibabagroup.com/en/ir/pdf/170609/Ant_Financial-Financial_Services_for_Consumers_and_Small_Business.pdf〉

12　山谷剛史「中国の社会信用スコア『芝麻信用』で高得点を狙うネットユーザー」〈https://japan.zdnet.com/article/35074894/〉（ZDNet Japan）

13　有井次郎「中国版個人信用評価スコア『芝麻信用』」〈http://www.rismon.com.cn/column/21_j.html〉（利墨（上海）商務信息咨詢有限公司）

報は含まれているので、金融サービスと相性がよいのは納得である。

海外旅行ビザの取得時にも信用スコアが役に立つ。日本と異なり、中国では海外旅行にビザが必要なケースが多い。しかも、その手間は異常なほどに大変だと言われる。芝麻信用の信用スコアが700点あればシンガポール行きのビザが、750点あればルクセンブルク行きのビザが取りやすくなる[14]。空港での出国でも有効である。750点あれば、北京空港で専用の出国レーンが通れる。

信用スコアが高ければ、賃貸マンションでの敷金が不要になる（600点）、ホテルや図書館、レンタカー、シェアサイクルのディポジットが不要になる（600〜650点）などのメリットもある。

ほかにも、信用スコアが高ければ、傘を借りる、レストランで電源コンセントを使う、などのメリットを無料で享受することができる。いずれも、利用者は信用スコアが下がるような行為を避ける（信用スコアが下がるとメリットが受けられなくなる）ために、サービス提供が可能になった例である。

中国市場では他にも信用スコアに基づくさまざまなサービスが続々と立ち上がっている。これらのサービスは従来の交換の取引とは明らかに異なる。貨幣の価値で取引が行われるのではなく、個客の情報（特に、信用スコア）に応じて、個客にふさわしいサービスを提供することは「つながりの取引」そのものである。アリペイが算出する信用スコアをプラットフォーム化し、APIを介して第三者に提供したことで、つながりの取引に基づく新たな経済システムが萌芽したと言える。

## 6　What you have から Who you are へ

アリペイによる芝麻信用は市場に構造的な変化をもたらした。これまでも与信情報はクレジットカードの利用可否の判断などに使われてきたが、そこでの取引は、財やサービスを貨幣と交換する「交換の取引」であり、商品や

---

14　弦音なるよブログ〈http://hiah.minibird.jp/?p=2621〉

第3部　デジタル視点で考えるキャッシュレス社会の未来

サービスの価値は貨幣価値で表現されてきた。一方、芝麻信用の登場によって始まった経済システムは、これまでとは異なる新しいモデルを形成しているように見える。

　芝麻信用の登場によって形成された経済システムは「つながりの取引」を基本としている。すなわち、芝麻信用が提供する信用スコアを参照する取引は、顕名個客を対象とし、個客に紐づく情報に基づいてサービスを提供する。従来の取引が

　　「what you have 〜　いくらもっているか」
で成立・不成立が決まったのに対して、今回登場した経済システムでは

　　「who you are 〜　あなたは誰か」
によって取引の可否やサービスの内容そのものが変わることを特徴とする。

　前者（what you have）は匿名大衆を対象とする、大量生産・大量消費の時代に必要とされた経済システムである。500円玉が500円という貨幣価値を持つことをみんなが知っているから、500円玉を持っているだけで、その人が誰かにかかわらず、500円分の買い物ができる。貨幣は、取引において「お金が信用を代替」するための仕組みとして優れていた。このような経済システムでは、信用を貨幣価値に換算するのが自然であった。

　一方、後者（who you are）は顕名個人を対象とする、パーソナライズされたサービスを可能にする。シェアサイクルやホテルのデポジットが不要になるなど、支払能力があることを裏づけにしたサービスもある。さらには、信用スコアが一定以上であれば、値段にかかわらず電源コンセントを使ったり、傘を借りたり、旅行ビザの手続の優遇を受けたり、あるいは、個人の信用に応じて交際相手が紹介されるサービスもある。この新しい経済システムでは、貨幣価値と個人の信用が独立に機能すると考えるほうがよい。

　中国で広がる信用スコアを参照するサービスは、まだ始まったばかりである。アリペイが2015年に芝麻信用を立ち上げたことを考えると、急速に信用スコアの参照が浸透しつつあるように見えるが、それでも、本格的に新しい経済システムに移行するには長い年月を必要とするだろう。

第 4 章　キャッシュレスから広がる中国の経済システムの変革

芝麻信用による信用スコアは、who you are モデルによる新しい取引を可能にする。ある事業者が新サービスを提供するにあたって個客の情報をゼロから集めるには長い時間を要する。アリペイのような第三者がプラットフォーマーとして信用スコアを提供し、顕名個客のつながりのサービスを構築していくのは理にかなった方法である。

## 7　データカンパニーとしての事業展開

アリペイは、決済事業者というより、決済事業を手がけるデータカンパニーという表現が実態に近い。筆者は2015年にアリペイの米国オフィス（San Mateo のアリババオフィス内）を訪問したことがある。ヒアリングの中で、クレジットカードの不正利用を防ぐためにあらゆるデータを活用するという話が印象的だった。中国本土に膨大な台数からなるサーバクラスタを運用しており、そこに蓄積されたさまざまなデータから、個客一人ひとりの購買パターンやネットでの購買行動の癖までを分析し、極めて高い確率で不正利用を即時に検出するという。さらに、その仕組みが、2010年には機械学習を応用して確立されていたと聞いて、同社の技術力の高さに感服した。

振り返ると、決済サービス、資産口座サービスから信用スコアサービスへの展開は必然であったように見える。同社の事業展開から推測されるのは、同社の強みがデータ収集・蓄積・分析とその応用能力の高さにある、ということである。

たとえば、決済事業者として、2004年創業以来、誰が、いつ、どこで、何を買ったか、という情報はすべて記録、保存されていると考えるのは妥当であろう。同社のデータ分析の詳細は公開されていないが、一般論としては、データマーケティングの世界でも言われるように、購買履歴はその人の生活水準や趣味・嗜好、あるいは意識を表現する。たとえば、生活必需品しか購入しない人と、普段からワインやキャビアを購入する人で生活水準に違いがあることは容易に想像できる。無添加・健康食品を好んで購入する人、新商品が出ると必ず購入する人や逆に新商品には目もくれず常に同じものを購入

**203**

し続ける人、時間をかけずに（時短、と表現される）口にできる即席麺や栄養食を購入する人、など、購買履歴はさまざまな分析に使われうる。

購買履歴に加えて、余額宝の提供に伴い、同社は顧客に関する資産情報を手に入れたことになる。誰が何にいくら使っているか、また、どれだけの資産を持っているか、などの情報は「与信」を考えるうえで極めて重要な情報であることはいうまでもない。これらの情報が新サービス「芝麻信用」の基盤となったことは必然といえる。

芝麻信用がスタートした後は、さらに多様なデータを集めた。興味深いことに、同サービスでは利用者が登録した当初はそれほど信用スコアが高くないものの、自分で、学歴や職歴、交友関係、その他の情報を入力することで信用スコアを上げていくことが可能である。信用スコアが高ければ高いほど便利でメリットのあるサービスが享受できるため、利用者にとっても、自身のデータを登録するモチベーションになる。すなわち、同サービスで利用者から集めている情報の多くは、利用者の事前同意を伴うオプトイン型である。

中国人の知人は「信用スコアが高ければ受けられるメリットが大きいので、自分の情報を提供することは理にかなっている」という。なるほど、芝麻信用では、多くの人が納得のうえで情報を登録しているようである。

## 8　中国政府の国家戦略の存在

中国市場における信用スコアの議論をするうえでは、中国政府の国家戦略の存在に留意が必要である。2013年3月、習近平が国家主席・国家中央軍事委員会主席に選出され、党・国家・軍の三権を正式に掌握した1年後、2014年6月に中国政府は〈図表13〉のドキュメントを公開した。

中国政府は、中国国内で社会信用体系構築を推進することを同ドキュメントで宣言した。社会信用体系構築は科学技術の浸透や調和のとれた社会主義社会を構築するための重要な基盤であり、社会主義市場経済の体制改善や社会整備の強化、およびイノベーションの重要な手段である、という。また、社会にかかわる全員の誠実さの向上やよき信用環境づくり、国全体の競争力

第4章　キャッシュレスから広がる中国の経済システムの変革

---

**〈図表13〉　社会信用体系構築推進を明言する中国政府の通知**

中華人民共和国中央人民政府　国務院（2014 / 6 / 14），
国务院关于印发社会信用体系建设规划纲要（2014—2020年）的通知

### 国务院关于印发社会信用体系建设
### 规划纲要（2014—2020年）的通知
国发〔2014〕21号

各省、自治区、直辖市人民政府，国务院各部委、各直属机构：

　　现将《社会信用体系建设规划纲要（2014—2020年）》印发给你们，请认真贯彻执行。

国务院

2014年6月14日

（此件公开发布）

### 社会信用体系建设规划纲要
（2014—2020年）

　　社会信用体系是社会主义市场经济体制和社会治理体制的重要组成部分。它以法律、法规、标准和契约为依据，以健全覆盖全社会成员的信用记录和信用基础设施网络为基础，以信用信息合规应用和信用服务体系为支撑，以树立诚信文化理念、弘扬诚信传统美德为内在要求，以守信激励和失信约束为奖惩机制，目的是提高全社会的诚信意识和信用水平。

　　加快社会信用体系建设是全面落实科学发展观、构建社会主义和谐社会的重要基础，是完善社会主义市场经济体制、加强和创新社会治理的重要手段，对增强社会成员诚信意识，

出所：中国政府ホームページ
〈http://www.gov.cn/zhengce/content/2014-06/27/content_8913.htm〉

---

向上、社会の発展と文明の促進に重要な意味を持つ、と明言している。同資料に書かれているのは中国政府による国家戦略の一環であり、社会主義市場経済の発展を目標に掲げてはいるが、信用体系が市場経済を発展させ、信用環境づくり、国の競争力向上、社会の発展に寄与するという考え方は、資本主義市場であっても参考に値するものである。

　なお、同ドキュメントでは、政治、市場、社会、司法の4分野で信用システムを構築することを国が全面支援すると記述されている。中でも特記すべきは「市場」である。個客に紐づく情報を活用し、信用に基づいて経済を自律的に発展させることが戦略からうかがえる。2015年に登場したアリペイの芝麻信用は、中国政府の国家戦略に記載された、市場の信用体系構築に沿った事業としてスタートした。一党独裁、圧倒的なリーダシップの下では、信

205

第3部　デジタル視点で考えるキャッシュレス社会の未来

用に基づく経済システム構築を、これだけのスピード感とスケール感をもっ
て推進することができるのか、と驚くばかりである。

## 9　信用スコアとプラットフォーマーの中立性

　信用スコアに関する分析では、プライバシーに関する議論とプラット
フォーマーの中立性に関する議論は避けて通れない。本来、つながりの取引
において、「個客に紐づく情報」に基づいて「個客によりよいサービスを提
供する」際に個客のメリットとプライバシーへの配慮のバランスが、何より
重要であることは前述のとおりである。加えて、信用スコアのプラット
フォームには中立性は欠かせない。ある一企業が信用スコアを提供するプ
ラットフォームが市場に広まるということは、当該企業の信用スコアの判断
に用いられる指標次第で、消費者の行動が左右される可能性を示唆する。芝
麻信用はプラットフォーマーとして信用スコアを第三者に提供するサービス
を開始した。中国市場では同プラットフォームを活用したサービスも次々と
登場しているが、必然的に、信用スコアを提供するプラットフォーマーが市
場で認められるためには、消費者から信頼されることが大前提になる。

　アリババ（阿里巴巴集団）を創業したジャック・マーはプラットフォーム
事業者として信頼の重要性を誰よりも理解し、利用者から信頼を得ることを
最優先させていたように見える。レイチェル・ボッツマンは『TRUST　世
界最先端の企業はいかに〈信頼〉を攻略したか』（日経 BP 社、関美和訳）の
中で、マーが何より重視していたのが誠実さと信頼だと述べている。マーは
「テクノロジーが信頼を可能にすること」に早くから気づいていたという。

　同時に、中国は壮大な社会実験を行っているようにも見える。中国は社会
主義市場経済構築を目指しており、政治的あるいは何らかの思想が評価基準
に含まれている可能性や、芝麻信用と中国政府とのつながりの可能性を懸念
する声もある。だが、これまでの中国市場での動向を見ている範囲では、社
会的に道徳的と判断されうる行動（たとえば、借りたものを返す、買い物に際
してお金を支払う、法律に準拠する、など）や積極的に経済活動に参加する（よ

206

り多くの買い物をする、より多くの資産を持つ）ことで信用スコアが上がる傾向にある。現状では「信用に基づいて経済を自律的に発展させる」という中国政府の狙いは、極めて有効に機能しているように見える。

同様の仕組みは、資本主義市場であっても有効に機能し得る。もちろん、社会主義市場経済を前提に設計された信用スコアの仕組みを、そのまま資本主義市場経済に応用することはできないが、ある個人が、社会的な道徳性を重視し、積極的に経済活動に参加することで、当該個人に対してメリットのある形でよりよいサービスを享受できるのであれば、その仕組みが自律的な経済発展の推進を後押しする可能性は十分に考えられる。

ただし、プラットフォームには客観的な中立性が求められることは言うまでもない。前述のとおり、そのプラットフォームは特定企業だけに有利になるような判断基準で運用されるべきではないし、特定の政治的な考えや思想に基づいて制御されるべきではない。

信用スコアのプラットフォームモデルは、現状では中国が先行しているように見えるが、同モデルが市場における消費者の行動にどのような影響を与えるかは継続的な留意が必要である。同時に、資本主義市場において、信用スコアをどのように実装すべきかについて、今後、十分に議論を重ねていく必要があるだろう。

〔第 3 部第 4 章　中川郁夫〕

第3部　デジタル視点で考えるキャッシュレス社会の未来

## 第5章

# Amazon Go にみるキャッシュレスの未来

## 1　Amazon Go のインパクト

　2016年11月、Youtube の動画[1]とともに公開された Amazon Go のコンセプトは大きなインパクトを与えた。Amazon Go は、米国アマゾンが提唱する新しい形の食料品店であり、2016年12月にアマゾン社員向けにβ店舗が、2018年1月にシアトルに一般向けの店舗が開店した。

　そのコンセプトは "Just Walk Out" と表現される。Amazon Go の店舗では、利用者が店舗に入るときに、スマートフォン上のアプリを入口のゲートにかざして本人認証を済ませる。その後、利用者は店舗内で自由に商品を取って自分のカバンに入れてそのまま持ち帰ってもいい。レジもチェックアウト（支払手続）もない。並ぶ必要もない。店舗を出ると、自動的に決済された情報がアプリに送られてくる。Youtube では、そんな、未来的な買い物の体験が動画で紹介された。

　もちろん、Amazon Go には最先端技術が多数使われている。コンピュータビジョンによる個人特定と動作の把握を行う。商品を手に取ったり返したりする行動は、すべて映像解析で自動認識される。ディープラーニングアルゴリズム[2]、センサーフュージョン[3]なども応用されているという。

---

1　〈https://youtu.be/NrmMk 1 Myrxc〉

第 5 章　Amazon Go にみるキャッシュレスの未来

〈図表14〉　Amazon Go の紹介動画

出所：Agazon Go トップページ〈https://www.amazon.com/b?node=16008589011〉

　当初公開された動画を見て驚いたのは、利用者を個客として識別、かつ、店舗内での一人ひとりの購買行動を把握し、退店後に自動的に決済を行うことで「支払い」という行為を省略してしまったということである。加えて、技術の押し付けではなく、利用者が商品を手に取り、カバンにいれて、持ち帰るだけ、という極めて自然な形で実装されていることにも感嘆した。Amazon Go に未来のコンビニの姿を感じたのは筆者だけではないだろう。

　アマゾンは1995年にオンラインブックストアとして創業し、今日では巨大な電子商取引事業者として君臨するが、創業以来、徹底して個客を特定した取引にこだわってきた。個客がどのような本を探し、どのような本を見つけ、どのような本を買ったか。電子書籍が始まってからは、いつ、どんな本を、何ページまで読んでいるか、あるいはどこにアンダーラインを引いたか、までを把握するに至った。表面的には、適切なリコメンドを提供してくれる、という程度にしか感じないかもしれないが、実は、アマゾンは個客に紐づく情報を何より重視し、個客によりよいサービスを提供するための努力を続けている。同社が提供するサービスは「つながりの取引」の原型だったとも言える。

　アマゾンは個客ごとにオンラインでの購入履歴を管理し、どのような購買

---

2　深層学習（機械学習の一つ）のためのアルゴリズム
3　センサーを用いた状況判断技術

209

傾向があるか、次のどのような商品が必要になりそうか、その個客にとってどのような商品がお薦めに値するか、などの判断を行っている。同社は今後10年間に2000もの実店舗を展開すると言われているが、その狙いは、実店舗での購入履歴や非購入履歴（手にとったけど購入しなかった商品の情報）などを蓄積し、オンライン・オフラインを通して、個客向けのサービス改善に活かしていくことにある、とも言われている。

## 2　日本のコンビニ5社によるセルフレジ

Amazon Go のコンセプト発表から数カ月後、日本のコンビニ5社が参画するプロジェクトがセルフレジのコンセプト動画[4]を発表した。Amazon Go とは異なり、セルフレジを軸とする。商品の特定と計算を自動化し、無人のレジで支払いを行う、という買い物スタイルである。

技術的には、RFID と呼ばれる極小チップによる商品の識別を核とする。コンビニにおける人手不足や、流通・小売などのサプライチェーンの効率化などの課題意識を背景としており、経済産業省や国内コンビニ5社が「コンビニ電子タグ1,000億枚宣言」を発表し、RFID の普及を目指している[5]。

一方、セルフレジのコンセプト動画をみると、セルフレジには現金投入口がついているものが多い。2025年までに同システムを普及させることを目指しているというが、日本のコンビニでは2025年になっても、未だ現金決済が残ることを前提としていることをうかがわせる。

今まで述べてきた通り、現金決済は交換の取引のなごりである。現金決済は匿名取引を前提とし、取引において、個客に関わるすべての情報を断ち切る効果がある。部分的ではあっても現金決済が残ることを前提とする限り、そのモデルは匿名取引であり、交換の取引からの脱却は難しい。

---

4　〈https://youtu.be/-XyjyAZMWMY〉
5　ローソンとパナソニックの取組みは報道でも紹介されている。
　　〈http://www.news24.jp/articles/2016/12/12/06348878.html〉
　　〈https://www.nikkei.com/article/DGXLASDZ12I 6 N_S 6 A211C 1 TI5000/〉

## 3 Amazon Go とキャッシュレスの未来

Amazon Go はキャッシュレスの未来を考えるうえで重要なヒントを教えてくれる。そこでは、実店舗内での個客の行動を詳細まで把握することで、つながりの取引に不似合いな「支払い」という行為は省略される。顕名個客のサービスでは、クレジットカードなどの決済に必要な情報は個客に紐づく情報の一部として参照できるため、決済の自動化は容易である。決済情報はサービス終了後に送付されてくるだけで十分であろう。

Uber に代表される配車サービスでは、アプリに行き先に入力すると、近くにいるタクシーが迎えにきてくれる。行き先と Google による最短ルート情報がドライバの端末にも表示され、タクシーに乗れば、あとは行き先まで乗っているだけである。目的地で下車してしばらくすると領収書が送られてくる。ここでも支払いという行為は不要である。

他にも、シェアサイクルをはじめとして、つながりの取引では「支払い」という行為そのものが暗黙化される事例は増えてきている。つながりのサービスが前提であれば、決済情報は個客に紐づく情報の一部であり支払いという行為を省略することは容易であり、自然な実装である。

キャッシュレスの未来とは、現金が電子化されるというよりも、支払いという行為そのものが不要になる可能性が高い。これについて、貨幣経済の将来に関する研究会で、慶応義塾大学の斉藤賢爾氏と議論をしたことがある。

斉藤氏はその著書『信用の新世紀　ブロックチェーン後の未来』(インプレス R&D)の中で、Amazon Go での買い物の様子を「食べ物がある場所に行って、それをつかんで、ただ持ち帰る。そして家族と分かち合う。それは、むしろ、狩猟採集社会の生活ではないだろうか」と問いかける。確かに、行為そのものは狩猟採集社会のそれに近い。貨幣経済にどっぷり浸かった人からは「Amazon Go のスタイルは、勝手に人のものを持ってくるような感じでドキドキする」という声も聞こえる。

しかし、斉藤氏の真意はその先にある。氏は同書の中で「貨幣経済が衰退

し、信用があたらしい形で前面に出てくる社会」が到来する可能性を説いている。もちろん、今の Amazon Go は、明示的ではないものの、暗黙のうちに支払いが行われることを前提としている。買い物の体験は未来的ではあるが、貨幣価値で商品を買っていることには変わりはない。一方で、アリペイの芝麻信用の例が示すとおり、個人の信用が貨幣価値と独立に機能し始めている。お金の多い少ないではなく、ときにはお金が必要であるかどうかにかかわらず、個人の信用だけで利用できるサービスも登場してきている。個人の信用に基づく経済活動と明示的な支払いという行為が必要ないサービスのスタイルは相性がよく、氏の説く「お金を使わない生活」の可能性については私も同意するところである。

さらに、将来の経済モデルについて株式会社メタップス代表取締役の佐藤航陽氏は、その著『お金2.0　新しい経済のルールと生き方』（幻冬舎）の中で興味深い議論を展開している。氏は、未来の経済モデルを考えるうえで、価値を3分類している。

一つ目は「有用性としての価値」。経済、経営、金融、会計などでいう価値。資本主義がメインに扱う価値である。

二つ目は「内面的な価値」。愛情・共感・興奮・好意・信頼など、実生活に役に立つわけではないが、その個人の内面にポジティブな効果を及ぼす。

三つ目は「社会的な価値」。個人ではなく、社会全体の持続性を高める活動などに対する価値である。

これらのさまざまな価値に基づく「信用経済」や「評価経済」などの「複数の経済システムは併存し得る」と佐藤氏は説く。長期的な視野で考えれば、筆者も氏の考え方に共感する点は多い。

そのような流れを考えると、将来の価値交換・価値共有の仕組みは今とはまったく違う形になっているかもしれない。少なくとも、貨幣価値を基準にした、匿名を前提とする支払いという行為は、未来の経済システムにおいて不十分であることは明らかである。

〔第3部第5章　中川郁夫〕

# 第6章

# キャッシュレス社会の展望

　第3部では取引のデジタル化について紹介し、それがビジネスや市場の構造をどう変えるか、経済モデルにどう波及するか、という視点で議論してきた。

　デジタル時代のつながりの取引は個客に紐づく情報に基づいたサービス提供が鍵である。そこでは、貨幣にかかわる情報、すなわち決済のためのクレジットカード情報や支払い可能な金額も個客に紐づく情報の一つに過ぎない。一方、現金決済はすべての情報を断ち切る。さまざまな情報がデジタルで扱われることを前提とする市場で、消費者が持つ貨幣だけをアナログ（現金）にしておくのはナンセンスである。デジタル時代の経済システムでは、キャッシュレスの仕組みがもっとも相性がよく、自然な実装である。

　繰り返しになるが、デジタルがもたらす変革の一つは「つながりの取引」によって、個客に対して、よりよい、価値のあるサービスが提供されることである。デジタル時代、企業の競争力の源泉は個客に紐づく情報を集め、応用する力である。データの量や精度、それを活かしたサービスのアイディアがビジネスを差別化していくことになるだろう。

　第3部の冒頭にも述べたが、30年単位では、技術は圧倒的な進歩を遂げる。今後、さらに詳細かつ多様な情報が容易にかつ安価に収集・蓄積・解析・参照できるようになることに疑いの余地はない。グローバルかつ大局的な動向の中では、デジタルの特徴を活かしたつながりの取引を前提とする経済シ

第3部　デジタル視点で考えるキャッシュレス社会の未来

ステムにシフトする国がいくつも登場するだろう。日本が、デジタルの特徴を活かし、消費者にとって便利で価値のあるサービスを提供できる国であるためには、プライバシとのバランスを保ちつつ、消費者に十分なメリットがある形でつながりの取引を積極的に浸透させていくことが重要である。

　また、つながりの取引に基づく新しい経済モデルが国の成長を支えることに期待したい。中国政府が推進する社会主義市場発展の計画をそのまま日本に適用することはできないだろう。だが、少なくとも、つながりの取引モデルによって、消費者とサービス提供者の双方にメリットある形で経済を活発化させる仕組みは、単なる需要と供給の量をコントロールすることによる経済政策よりも、戦略的かつ発展的であると感じさせる。人口減少待ったなしの日本で、今後30年の経済成長を考えるうえでは、デジタル時代の取引モデル、デジタル時代の経済の仕組みが鍵であろう。

〔第3部第6章　中川郁夫〕

# 第4部

## 近未来提言
# リアルとネットを複合する地域活性化

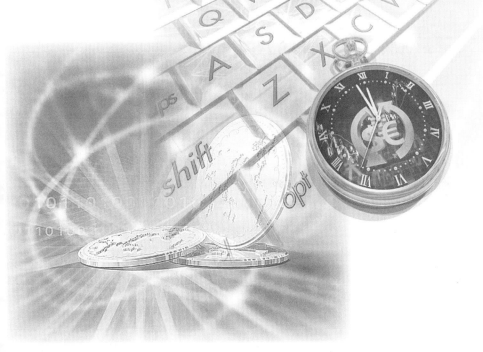

第4部 近未来提言 リアルとネットを複合する地域活性化

本書の最終第4部は、近未来に向けた現実的な提言を書く。とはいえ、筆者（小河）の個人的持論を展開するものである。日本であり得るキャッシュレス社会像を具体的に描いてみたい。

なぜなら、日本全体の消費文化を長く担い、超高齢社会で衰退したリアル商店街という地域遺産を、ネットも絡め国家的規模で大胆に改革・再生できないかと考えるからだ。したがって、この第4部は一般消費者だけでなく、関連する分野で働く方々にも読んでいただければ幸いである。

一般的に、キャッシュレスはＢ２Ｃ（個人消費）でしか議論されていないが、それは一面的過ぎる。社会の経済構造は、企業間取引と個人消費の連鎖はヒト・モノ・カネの商流全体（Ｂ２Ｂ２Ｃ）であり、分離できないものだ。

この流れは、人体での血流に相当する。どこかが詰まると血栓になり、全身が病む。とりわけ、製造・卸・小売に至る中小企業の経営インフラ（資金繰りや販売ルート）は毛細血管であり、それが詰まると、日本全体がおかしくなる。各種指標を見ても、大多数を占める中小企業の景気回復は、大企業に追い付いていない。実際、今までの種々の商店街や中小企業とのお付き合いでも、それを痛感する。

## ★2006年に閃いたＢ２Ｂ２Ｃのアイデア

2006年秋に突然、「現金を介在しない個人消費と企業間取引が実現すれば、零細な事業者でも資金繰りに苦しむことはない」と閃いた。〈図表１〉は、当時の概念図である。

この考え方を基礎に、リアル・ネット共通のビジネスモデル特許を申請し、2007年9月7日に特許庁からに正式に認可が下りた（第4006652号）。

ところが、この発案を人脈を介して関係者、たとえば関係官庁、銀行、カード会社、総合商社、カードデータ処理会社、ITベンチャー企業数十社を訪れ、訴求したものの、関心を示した会社はわずか3社だった。それも、途中で腰砕けになった。どこもあきれ顔で、「夢みたいなこと考えていますね」と苦笑した大企業が多かった。

第4部　近未来提言　リアルとネットを複合する地域活性化

〈図表1〉　商店街包括運用イメージ例

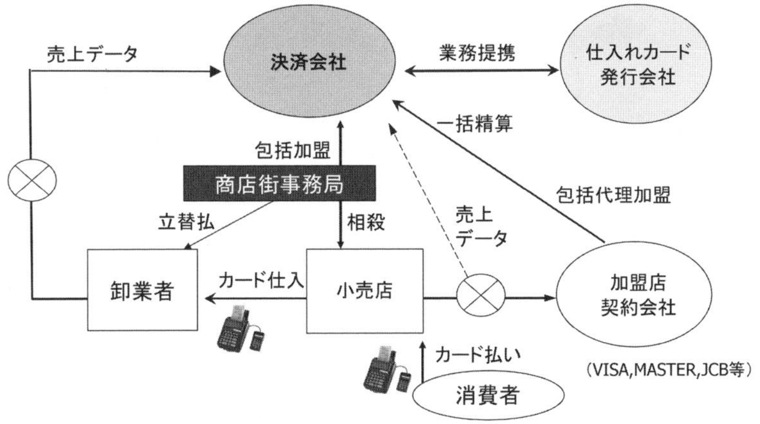

出所：筆者作成

「誰が主体になって、どのような法律の中で実現できるのか、開発費と運用費はいくらかかるのか」という極めて現実的な質問もあったが、筆者にとっても「前例がないスケールだけに、巨大な財源とシステムノウハウを持つ先駆的企業」と答えるのが精いっぱいだった。着想が、時代の先を行き過ぎていたらしい。

## ★特許発案の背景（〈図表2〉）

序章でも触れたが、江戸以前は農耕社会で、長い間「買い物勘定」「労働報酬」「商品流通」の精算は、ほとんど掛け（1カ月以上の後払い）が当たり前だった。取引当事者の資金繰りに大きく影響するからだ。

ところが、現金払いが美徳となった明治以降、当月末の後払いである給料日前は「給与支給前に自腹で立て替えて、手持ち現金で買い物をする」ようになった。後払いでも勤労報酬は会社から保証されていたから、それを甘受した。ために、貯蓄がそれほど潤沢でない労働者は、給料日前は消費を手控え、給料日以降は活発化する。小売店では売上げの急激な増減に振り回され、在庫・対応人員などの適正配置に苦慮していた。

217

〈図表2〉 現金購買とは賃金の立替払い

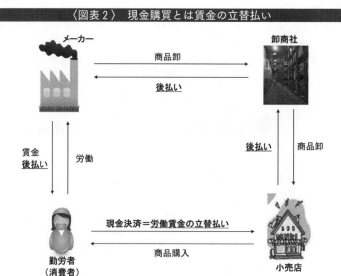

出所：筆者作成

　経済成長が始まった昭和40年代以降、小売店の売上げ平準化を促進した仕組みが、民間主導で登場した「給料日を意識しなくてよいクレジットカード」であった（〈図表3〉）。

　近年では、景気、個人消費、貯蓄性向がいずれも低迷し、デフレが激しくなった1990年代以降において、唯一カード利用額が毎年二桁の高度成長を続けた。失われた20年は、カードがGDPを下支えしたとも言える（〈図表4〉〈図

〈図表3〉 カード取扱いによる売上平準化のイメージ

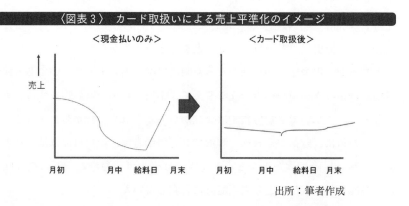

出所：筆者作成

表5〉）。

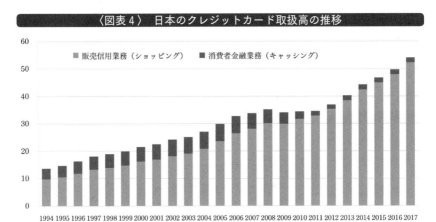

〈図表4〉 日本のクレジットカード取扱高の推移

出所：経済産業省「特定サービス産業動態統計調査」をもとに筆者がグラフ化

〈図表5〉 世界レベルのカード効果

　2016年3月9日、米国カリフォルニア州サンフランシスコ – Visa Inc.（以下 Visa）は本日、世界70ヶ国の経済成長における電子決済の影響を分析した2016年度調査の結果を発表しました。同調査は、Visa からの委託を受けムーディーズ・アナリティックスが実施したものです。この調査では、2011年から2015年までの期間、対象の70ヶ国においてクレジットカード、デビットカード、プリペイドカードなどの電子決済商品の利用が拡大した結果、GDP が2,960億ドル（約33兆4,480億円1）増加し、商品やサービスの家計消費が年平均で0.18パーセント上昇したことが示されました。また、調査対象の5年間における電子決済の利用増により、年平均で260万もの新規雇用が創出されたと推計しています。調査は、世界の GDP のほぼ95パーセントを占める70ヶ国を対象に実施されました。
（中略）
　日本に関してみてみると、電子決済利用の拡大は、2011～2015年期の日本経済に対して、107.4億ドル（約1兆2,136億円1）増という効果をもたらし、年平均27,840件相当の雇用も新たに生み出しています。

出所：ビザ・ワールドワイド・ジャパン株式会社2016年3月17日プレスリリース抜粋
　　　（下線は筆者による）

### ★保有特許の骨子と背景

日本では、企業間取引の後払い決済は、健全に機能しているのだろうか。

従来の商習慣での後払いは、いわゆる「当事者間の長年の信用」、もしくは「取引金融機関の信用」のいずれかに依存している。しかし、いずれも信

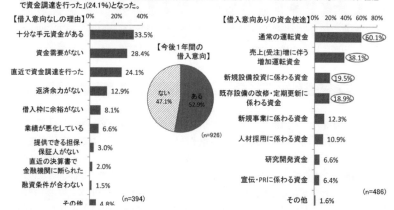

〈図表6〉 運転資金が中小企業最大の悩み

出所：東京商工会議所「中小企業の経営課題に関するアンケート調査結果（概要版）」（2014年2月）

〈図表7〉 従来の運転資金調達方法の限界

"いずれも、リアルタイムに経営可視化ができない！"

|  | 長所 | 短所 |
|---|---|---|
| 当事者間　掛け売買 | ・長年の信頼関係 | ・信頼構築までの長い時間・双方の力関係で条件左右 |
| 手形決済 | ・期日決済に対する安心感・金融機関で資金化可能（割引） | ・不渡発生時の社会的制裁・事務処理負担大 |
| 金融機関借入金 | ・低利な貸出金利 | ・煩雑な借入手続、審査・貸しはがし |

出所：筆者作成

第４部　近未来提言　リアルとネットを複合する地域活性化

〈図表8〉　商取引全体のキャッシュレス化

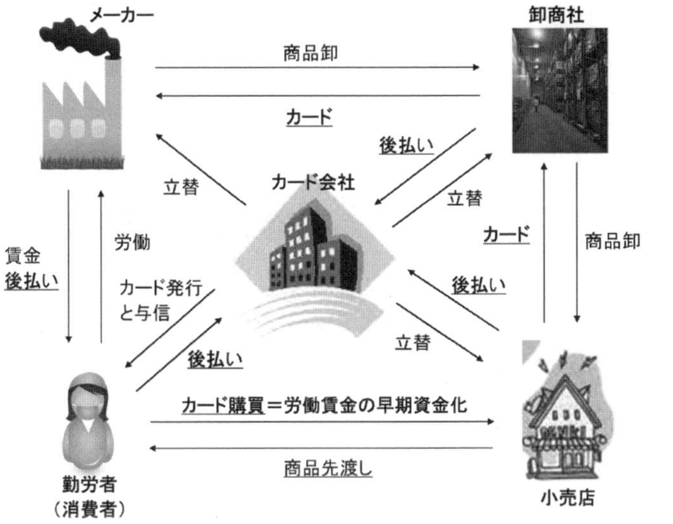

出所：筆者作成

用の判定方法が硬直的で、今の時代には十分適合していない。それを裏づける資料がある（〈図表6〉〈図表7〉）。

　「それなら、商流のすべてをカード払いにしたらどうか」という一種の仮説が筆者に生まれた（〈図表8〉）。

　小売店が仕入れをカードで行えるなら、卸事業者（サプライヤー）にはカード会社が立て替えて払い、後で小売店から返済してもらう。

　ところが、個人消費と違い、一般的には商品仕入れは数百万〜数千万円に達する。決済単価が大き過ぎて、現行カードの利用限度額を大きく超えてしまう。実際、アスクルやネッシーやモノタロウなどの業務用品ポータルサイトで零細な個人事業者がカードで買えるのは、せいぜい百万円程度だ。

　これを乗り越えるにはどうしたよいか。特許に必要な要件は、独自性と先進性である（〈図表9〉〈図表10〉）。

221

① 信用枠の評価方法（〈図表9〉）

「小売店のカード取扱額実績」（担保性を帯びる）。現金で販売した売上げは、第三者からは可視化できないが、カードなら決済事業者が可視化でき、売上金を立て替えられる。それが担保見合いのような信用性を帯びることになる。

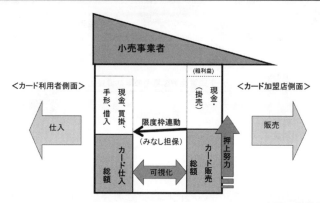

〈図表9〉 カード取扱実績連動の仕入れ与信（小河特許1）

出所：筆者作成

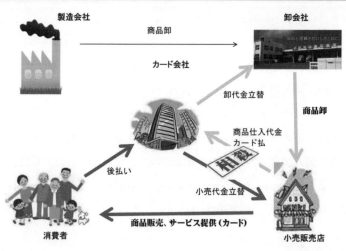

〈図表10〉 カード売上債権と仕入債務の相殺（小河特許2）

出所：筆者作成

② 売上債権と仕入れ債務の相殺（〈図表10〉）

売上金の範囲内で、後払いのキャッシュレスで仕入れを起こせれば、後日所定の日に売上債権と仕入れ債務は同時相殺が可能になる。現金で取引するより資金回転にゆとりができ、円滑化する。

## ★2014年、アマゾンが迫ってきた

2014年にリリースされたアマゾンの新しいサービスが、筆者の発案に近づいてきた。その具体的なモデルが、「Amazon レンディング」である。

ネット通販出店者に、売上実績に応じた仕入資金の融資を行う趣旨だが、返済はネット売上げから相殺する仕組みだ（〈図表11〉）。

### 〈図表11〉 「Amazon レンディング」利用のメリット

１．**簡単なオンライン手続きでタイムリーな資金調達が可能**
　　初回のお申し込みは、ローン入金まで最短で5営業日で完了します。さらに、2回目以降のお申し込みは、手続きのプロセスが簡略化され、最短で3営業日にローンが入金されます。
　　また、販売事業者のビジネスの成長を支援する為に、必要とするタイミングでタイムリーに仕入資金などの調達が可能です。
２．**シンプルな返済手続き**
　　販売事業者の売上が決済される Amazon のアカウントより、毎月自動引き落としされます。
３．**コストの軽減**
　　早期弁済時の手数料はかかりません。その際は、金利コストをおさえることができます。
４．**最大5000万円までの融資額**
　　ご用意できる融資額は最大5000万円までと高額融資が可能です。

出所：アマゾンホームページ〈https://www.amazon.co.jp/gp/press/pr/20140220〉から抜粋

よくできた仕組みだが、融資（与信）形態が現金であること、融資上限が5000万円止まりであることの2点は、どこか中途半端な印象をぬぐえなかった。

そこへ、2017年秋に新しく登場したのが、「アマゾンビジネス」である。

第4部　近未来提言　リアルとネットを複合する地域活性化

〈図表12〉　アマゾンビジネスの特徴

| すべての<br>法人・個人事業主様に | 法人価格 | Busines プライム |
|---|---|---|
| あらゆる業種、組織規模のビジネス購買ニーズに対応。アカウント登録は無料です。 | ・多数の商品を法人・個人事業主向けの価格でご提供<br>・数量割引価格 | ・無料のお急ぎ便、お届け日時指定便が注文金額に関わらず使い放題<br>・最大3ユーザーまでは年会費3,900円（税込）から始まる会員プランを選択可能。 |
| 複数ユーザーで利用可能 | 選べるお支払い方法 | 豊富な品揃え |
| ・承認ルールの設定<br>・購買分析・レポート<br>・購買グループの設定 | ・個人・法人クレジットカード利用可能<br>・請求書払いに対応<br>・簡単な商品検索 | ・ビジネス向けセレクション<br>・購買システム連携 |

出所：アマゾンホームページ〈https://www.amazon.co.jp/b2b/info/amazon-business?layout=landing〉

　アマゾンビジネスには、与信の上限がない。しかも、バイヤー（購買事業者）に代わりサプライヤー（販売事業者）への立替払いを行うので、取引はキャッシュレスだ。一見、カード会社のような立ち位置に見える。購買事業者と販売事業者双方の需要に答える条件を採用している（〈図表12〉）。

## ★アマゾンの事業フレーム

　アマゾンというと、いまや熱帯雨林という地域名より代表的通販サイトとして思い浮かぶ。

　人によっては、なくてはならない生活物資調達手段でもある。こういう筆者も、ネット通販では最初にアマゾンを開く。アマゾンビジネスのアカウントも最近取得した。

　しかし、アマゾンがもともとどういう会社で、今はどこに向かって何をしている会社かを知る人は、わずかしかいないのではないか。

224

第4部　近未来提言　リアルとネットを複合する地域活性化

〈図表13〉　アマゾンの総売上げと営業利益率（2002年以降）

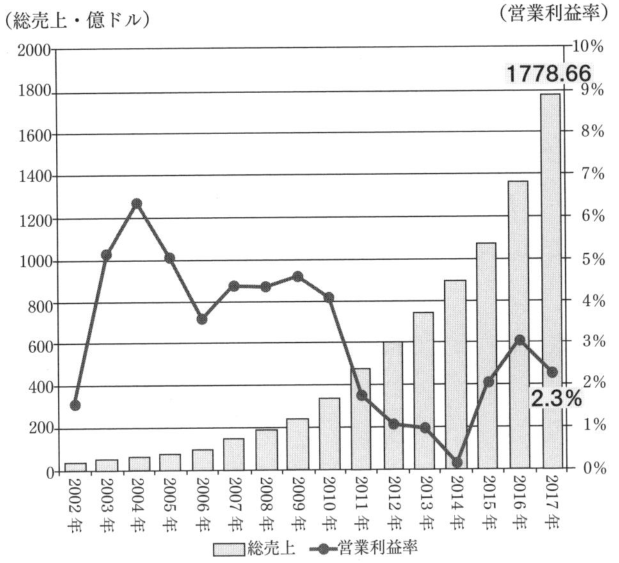

（総売上・億ドル）　　　　　　　　　　　　　　　（営業利益率）

1778.66

2.3%

□総売上　━●━営業利益率

出所：ガベージニュース〈http://www.garbagenews.net/archives/1966403.html〉

　アマゾンはネット通販中心に年間20兆円近い売上げをあげているが、宇宙産業にも500億円も投資しているという。双方の因果関係はわからず、ビジネスモデルがなぞに満ちている。

　天才的創業者ジェフ・ベゾス（Jeffrey P. Bezos）氏は、「私たちが掲げる、何百万人もの人々が宇宙で暮らし、仕事をする時代を実現するために、ニュー・グレンは非常に重要なステップとなります」と語る[1]。

　2019年ころの発射を予定しているという「ニュー・グレン」という新型ロケットの機体直径は7m、2段式の全長約82m、3段式は約95mもあるという。かつてアポロ計画で使われた史上最大のロケットの一つである「サターンⅤ」（直径10m、全長110m）に迫るほどである。民間企業ビジネスとしては、桁違いのスケールと言うしかない。

[1]　鳥嶋真也〈https://news.mynavi.jp/article/20160920-new_glenn/〉（マイナビニュース）

225

第4部　近未来提言　リアルとネットを複合する地域活性化

　一般的に、アマゾンは「総合オンラインストア」と思われている。実際は、1995年の創業時は「書籍のネット通販」としてスタートした。

　それは、ちょうどWindows95がリリースされた年である。翌年1996年秋に、筆者はインターネット先進国であるアメリカの政府系研究機関や銀行、IT企業、国際クレジットカード本部等を視察したことがあるが、当時のアメリカでさえネット通販で実績を積み上げ始めている企業はアマゾンくらいだった。それでも、同社は2002年まで赤字経営だった（〈図表13〉はそれ以降の状況）。

　しかし、視察に訪れたどの機関でも「いずれ、書籍だけでなく、ありとあらゆる商品がネットで買える時代がやってくる」と自信たっぷりの説明を受け、日本との時代感覚の差に舌を巻いた覚えがある。

　実際、アマゾンは今や2億種を超える商材を売り、扱っていない分野がないと言ってよいほどの総合オンラインストアになった。さらに、イギリス、ドイツ、フランス、日本、カナダ、中国、イタリア、スペインなどでウェブサイトを運営し、世界各地50カ所を超える物流センターを設置している。

　また、オンラインストアでは限界があると思われた生鮮品分野についても、2017年6月、米食品スーパーのホールフーズ・マーケットを137億ドル（約1兆5000億円）で買収し、リアル店舗と自社サイトを通じたホールフーズ商品の販売も始めた。2018年1月からは、レジがない無人コンビニで、スマホをベースとした完全キャッシュレスシステム「アマゾンゴー」をシアトルでリリースした。アマゾンが描くネットと実店舗の融合戦略が本格的に動き始めたことになる。

## ★アマゾン事業の稼ぎ頭ＡＷＳ

　「アマゾンの2018年第1四半期（1〜3月）の決算によると、売上高は前年同期から43％増の510億4200万ドル（約5.6兆円）。純利益は121％増の16億ドル（約1750億円）と前年比2倍以上に達した。特に北米市場の売上げとクラウドサービスのＡＷＳが好調だった。アマゾンの売上高構成比は、北米市場

226

第 4 部　近未来提言　リアルとネットを複合する地域活性化

〈図表14〉　アマゾンの基本的ビジネスモデル

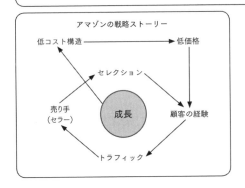

出所：楠木建『ストーリーとしての競争戦略』42頁（東洋経済新報社）

（特にアメリカ）での売上げが約60％を占め、この構成比はここ何年間も同じだ。ちなみに、アマゾンの業績に大きく寄与し、成長が著しいのは、クラウド事業の Amazon Web Services（AWS）。売上高は前年同期比48％増の54億4200万ドル、営業利益は14億ドル。アマゾン全体の売上構成比では10％程度だが、営業利益は北米市場よりも大きく、アマゾンの重要な収益の柱だ」[2]。

---

2　佐藤仁「アマゾン、AWS が好調で純利益2倍以上：ベゾス CEO『AWS を利用している全てのお客様に感謝』」〈https://news.yahoo.co.jp/byline/satohitoshi/20180502-00084706/〉から要約引用

227

第4部　近未来提言　リアルとネットを複合する地域活性化

つまり、アマゾンは通販で稼いでいる会社ではなく、クラウド事業で稼いだ利益で、通販事業を拡大しているのである。

## ★アマゾンビジネスの可能性

アマゾンのネット販売対象顧客は、主に個人というイメージが強かった。いわゆるＢ２Ｃである。

ところが、前述した「Amazon Business（アマゾンビジネス）」は、ズバリＢ２Ｂ（企業間取引）である。サプライヤー（生産者、卸事業者）と、バイヤー（小売事業者他購買組織全般）の取引を円滑にするビジネスモデルである。

2015年にアメリカでスタートし、初年度40万社参加、10億ドルもの売上実績をあげた。２年目以降、販売拠点はドイツ・イギリス・フランス・日本・インド、イタリアとスペインになど世界８カ国に達している（2018年７月現在）。今後さらに11カ国まで拡大予定と聞く。

このビジネスモデルは、従来の基本スキーム（〈図表14〉）の応用に見える。

顧客を、一般消費者から購買事業者に置き換えれば事業フレームは理解しやすい。

バイヤー（購買事業者）は、ネット上でさまざまな商材を閲覧でき、かつ登録サプライヤー（供給事業者）各社の納品条件が比較できる。素早くリーズナブルな価格で調達でき、取引が完結する。サプライヤーもまた、アマゾンを通して販路を拡大できる。筆者のコンサルティング経験でも、地方の優秀な生産者が販路開拓に苦労している現状をたくさん見てきたので、これは納得する。

この仕組みがこのまま成長したら、世界の生産・物流・消費・決済のリアル・バーチャルすべてを丸ごと変える可能性を秘めている。

立教大学ビジネススクールの田中道昭教授は、アマゾンを「ビッグデータ産業」と要約する[3]。筆者なりの言葉に置き換えると、「創業者ベゾス氏の

---

3　田中道昭『アマゾンが描く2022年の世界　すべての業界を震撼させる「ベゾスの大戦略」』（PHP ビジネス新書）。

野望は、地球全体と、宇宙の一角を丸裸にすることではないか」と思えてくる。つまり、このビジネスモデルの先には、「Ｂ２Ｂ２Ｃ」があり、一切の商取引を可視化する狙いが垣間見える。

## ★提　言

ここから仮説としての提言に入る。

日本には、小売店経営主と地域住民の高齢化で、60歳以上の買い物難民が700万人もいる[4]。積極的に新しい魅力的な商材を仕入れるすべをもたない小売店経営者、パソコンもスマホも操作できず車も乗れない高齢者の増加は、街をますます廃れさせる。徒歩圏内に、皮膚感覚＝五感（味覚、聴覚、臭覚、触覚、視覚）を刺激する最新の商材を買える場所があれば、消費ニーズは大きい。そういう日本を再生する具体的なアイデアとして、筆者はアマゾンのような多面的なポータルサイトを運営主体と見立てた仮説として、リ

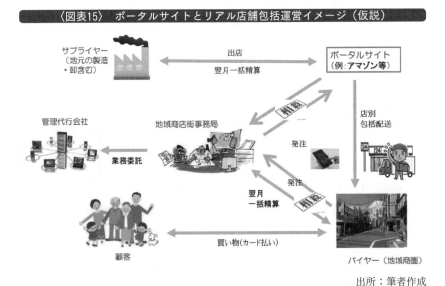

〈図表15〉　ポータルサイトとリアル店舗包括運営イメージ（仮説）

出所：筆者作成

---

4　経済産業省委託調査「買物弱者・フードデザート問題等の現状及び今後の対策のあり方に関する調査報告書」（アーサー・ディ・リトル・ジャパン株式会社、2015年4月）。

第4部　近未来提言　リアルとネットを複合する地域活性化

**〈図表16〉　期待される当事者メリットと課題**

| | 地元消費者 | 商店街 | 商店街事務局 | ポータルサイト（アマゾン等） | 製造・卸業者 |
|---|---|---|---|---|---|
| 商品選択肢（品揃え＋利便性） | ◎（五感での商品確認） | ◎ | ◎商店街活性化 | ○ | |
| 販路拡大 | | ◎（高齢者、若年層、外国人） | | ◎（新規市場） | ◎（新規市場） |
| 販売額 | (○) | ◎ | | ◎（全国商店街　市場） | ◎（全国商店街　市場） |
| 利益貢献 | ○（ポイント） | ◎（調達コスト低減） | | ○ | ○ |
| データ解析 | ◎タイムリーな商品情報 | ◎（調達精度向上） | ◎（求心力向上） | ◎商圏別需要解析獲得 | ◎製造効率の向上 |
| 業務効率化 | ◎買い物の利便性と魅力増 | ◎仕入れ先精算が一本化 | ◎外部IT企業外注 | | ○売掛精算の一本化 |

出所：筆者作成

アルとネットを組み合わせた地域商圏活性化モデルを提示する（〈図表15〉）。

　期待できる当事者メリットは、概ね〈図表16〉のとおりである。

　近所の小さなお菓子屋さんで、トルコのスイーツ「ロクム」が手軽に買えたら、高齢者だけでなく女性や子供たちも喜ぶだろう。

　ちなみに、日本ではリアル店舗でのカードデータ処理上、大きな問題が一点ある。それは、「店舗の売上情報には、商品情報が欠落している」ことである。

　「どこの、誰が、いつ、どこで、何を、いくら買ったか」が、ビッグデータの必須項目だが、カードの決済端末は「何を買ったか」を処理できない。ネット通販では当たり前の処理ができない。多種類に及ぶ商品コードを認識・送信できないのだ。大手量販店は、やむなく自社POSでそれを補っている。零細な小売店でキャッシュレスが普及するには、POSに相当する販売商品分析が不可欠。2018年8月から日本の一部リアル店舗でQRコードとスマホによる実証実験に入った「アマゾンペイ」の動向がその解決の道筋をつけるか、興味深い。

230

以上が、筆者の未来提言骨子である。

アマゾンとは直接接触はせずに、あくまでも筆者の経験と同社に関する公表情報等をもとに、仮説として独自に組み立てたものである。

アマゾンにとっては余計なお世話かもしれないが、「2006年に筆者が発案したビジネスモデルの主役は誰か」という長年の課題解明に一番近い企業として、最近全体イメージが鮮明化してきたので、日本のキャッシュレス近未来像を描くために敬意をもって本稿の引き合いとさせていただいた。ご容赦願いたい。

〔第4部　小河俊紀〕

# 【参考文献】

第1部、第2部第1章、第3部については、下記の文献を参考にした。読者の皆さんにも参考になると考え、下記に記しておく。

〈第1部〉

1）井上智洋『人工知能と経済の未来』（文春新書）

2）櫻井豊『人工知能が金融を支配する日』（東洋経済新報社）

3）大塚雄介『いまさら聞けないビットコインとブロックチェーン』（ディスカバー・トェンティワン）

4）ケネス・S．ロゴフ『現金の呪い』（日経BP社）

5）淵田康之『キャッシュフリー経済』（日本経済新聞社）

6）江夏健一＝桑名義春＝坂野友昭＝杉江雅彦監修・パーソナルファイナンス学会『パーソナルファイナンス研究の新しい地平』（文眞堂）

7）「キャッシュレス革命2020」研究会編『キャッシュレス革命2020』（日経BP社）

8）塘信昌『クレジットカード事業の歴史から検証するコア業務とリスクマネジメント』（カードウェーブ）

9）金井良太『脳に刻まれたモラルの起源』（岩波科学ライブラリー）

10）佐藤航陽『お金2.0』（幻冬舎）

11）東洋経済新報社編『ビジネスパーソンのための　決定版　人工知能超入門』（東洋経済新報社）

12）週刊エコノミスト2017年6月6日号特集「お金が増えるフィンテック」

13）亀田達也『モラルの起源』（岩波新書）

14）ミチオ・カク『2100年の科学ライフ』（NHK出版）

15）JCB社史制作委員会『JCBカードの半世紀』

16）田中道昭『アマゾンが描く2022年の世界すべての業界を震撼させるベゾスの大戦略』（PHPビジネス新書）

17）原田泰『ベーシックインカム』（中公新書）

18）手塚治虫『ガラスの地球を救え』（光文社）

〈第2部第1章〉

1）経済産業省「キャシュレス・ビジョン2018」

2）内閣府「経済財政運営と改革の基本方針2018」

3）日本銀行「最近のデビットカードの行動について」「決済システムレポート」ほか

4）金融調査研究会（全日本銀行協会）「キャシュレス社会の進展と金融制度のあり方」

5） 金融広報中央委員会「家計の金融行動に関する世論調査」（知るぽると）

6） 野村総合研究所「我が国における FinTech 普及に向けた環境整備に関する調査検討」

7） 塘信昌「クレジットカード事業の歴史から検証するコア業務とリスクマネジメント」（カードウエーブ）

8） 佐々木弾『統計は暴走する』（中公新書ラクレ）

9） 渡部晶「わが国の通貨制度（幣制）の運用状況について」財務省広報誌・ファイナンス

10） 中村敬一「カードセ決済＆セキュリティ強化書　プリペイドビジネスの市場動向」（TI プランニング）

11） カードウエーブ編集部「QR コード決済は普及するのか」カードウエーブ 2018年5・6月号

12） 日本資金決済業協会「発行事業実態調査統計2017年度」「統計資料」

13） ダニエル・コーン『経済成長という呪い』（東洋経済新報社）

14） A・マカフィー、E・プリニョルフソン『プラットフォームの経済学』（日経 BP）

15） 佐藤元則ほか「国内外のモバイル QR ／バーコード決済最前線」（講演資料）

16） 白井さゆり「中銀版デジタル通貨の行方」日本経済新聞経済教室

17） みずほ総合研究所「内外経済の中期見通し2018」

18） みずほフィナンシャルグループ「我が国のキャッシュレス化推進に向けた J-Coin 構想について」

19） 日本クレジット協会「日本のクレジット統計2018」

20） 電子情報技術産業協会「流通 POS 端末装置統計」

21） 櫻井澄夫「カードの世紀」月刊消費者信用

22） クレジットカード・QR コード決済企業各社のホームページ

〈第 3 部〉

1） 総務省「IoT 時代における ICT 産業の構造分析と ICT による経済成長への多面的貢献の検証に関する調査研究」（2016年 3 月）

2） 経済産業省「平成29年度我が国におけるデータ駆働型社会に係る基盤整備（電子商取引に関する調査)」（2017年 4 月）

3） 國領二郎『ソーシャルな資本主義 つながりの経営戦略』（日本経済新聞出版社、2013年 3 月）

4） 藤田哲雄「転換期を迎えた中国のフィンテック」環太平洋ビジネス情報 RIM 18巻69号（2018年）

参考文献

5） 李立栄「急成長する中国のコンシューマー向けインターネットファイナンス」
野村資本市場クォータリー（2015）

6） 柏木亮二「信用のプラットフォーム『芝麻信用』」Financial Information
Technology Focus, NRI（2017年10月）

7） Alibaba Group Press Release: "Alibaba Group Announces March Quarter 2018
Results and Full Fiscal Year 2018 Results"（2018年5月4日）

8） Eric Jing（CEO, Ant Financial Services）"Financial Services for Consumers
and Small Businesses", 2017 Investors Day, June, 2017.

9） 中華人民共和国中央人民政府国务院「国务院关于印发社会信用体系建设规划
纲要（2014—2020年）的通知」」（2014年6月）

10） レイチェル・ボッツマン『TRUST　世界最先端の企業はいかに＜信頼＞を攻
略したか』（日経BPマーケティング、2018年7月）

11） 斉藤賢爾『信用の新世紀　ブロックチェーン後の未来』（NextPublishing、
2017年12月）

12） 佐藤航陽『お金2.0　新しい経済のルールと行き方』（NewsPicks Books、
2017年11月）

# あとがき

「未来では、貨幣という無機質な決済手段が消滅し、ヒトそのものが価値を生み出すキャッシュレス社会になる。信用の変化が瞬時に可視化され、その人の生活資産を形成する。例えていえば、人間の生き方自体が企業活動でいう『株式』のような連続性を帯びた価値になるかもしれない」

キャッシュレス専門家5人と、約10カ月の時間をかけて出版に至った本書原稿を読み返しながら、私はこのような感慨にとらわれています。

従来、信用の構成要素は、「Capital（資産）、Character（性格）、Capacity（支払能力）の頭文字を取って、「信用の3C」と定義されてきました。

しかし、貨幣の意味が変化する未来には、個人の信用を評価する構成要素が変わり、おそらく「3Ｉ」になると、私は予測します（〈図〉）。

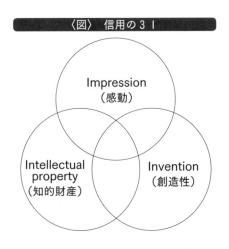

〈図〉 信用の3Ｉ

「Impression （感動）」
「Intellectual property（知的財産）」
「Invention （創造性）」

個人信用情報機関のような公的組織と、認定されたオープン組織（たとえば、SNSサイト）が国から管理運営を任され、個人の価値をこれらの指標で常に加点・減点するようなシステムです。

現時点では、たとえば、Facebookの「いいね！ ボタン」のようなイメージでもあり、価値単位としては、「トークン」、もしくは「ポイント」が近いかもしれません。そのためには、データ改ざんができないブロックチェーンのような電子的暗号通貨、人工知能や量子コンピューター等先端テクノロジーの発達が不可欠となりますが、価値観さえ広く共有できれば、必ず到達できるシステムと思えます。

あとがき

もちろん、プライバシーは厳重に保護される必要がありますが、公平を期すため本人にはいつでも内容が開示され、そして、もし間違いがあれば修正されなければなりません。

もし、この仕組みが正常に機能すれば、人はすべてその個性と社会貢献性を完全燃焼させ、生涯にわたって人間らしい生き方ができるでしょう。

もしかしたら、お金をめぐる無駄な争いや犯罪が消滅し、人格や公徳心が尊重される穏やかな社会になり、ストレスの軽減により日本人はもっと健康長寿になるかもしれません。

2020年オリンピック・パラリンピックを契機に、日本でキャッシュレスが加速することは確実です。世界中からキャッシュレスに慣れた外国人が多数来日しますので、ご迷惑をかけるわけにはいきません。

実際、前回の1964年東京オリンピックで、日本は戦後体制を脱し、世界をけん引する経済大国に羽ばたく契機となりました。公共投資が大規模に行われ、首都高速道路や東海道新幹線、羽田と都心を結ぶモノレールなどアクセスの飛躍的改善が起きました。また、オリンピック中継を観るため、庶民にも高価なカラーテレビが全国的に普及しました。

卑近なところでは、来日外国人に不快な思いをさせないよう下水道整備が進み、公衆トイレの水洗化が進んだのもこのころからです。

本文でも書きましたが、日本にカードが登場したのは、その直前1960（昭和35）年でした。そのころ、日本はもちろん本場のアメリカでも汎用カードの黎明期でしたから、来日外国人に対するキャッシュレス対策などまったく問題になりませんでした。

ところが、約半世紀を経た今、世界は急速にキャッシュレス化が進み、インバウンド対策としてキャッシュレスがオリンピック準備の優先事項（国策）となったのですから、逆風の多い業界経緯を47年間にわたり見てきた私には、感無量なものがあります。

2020年を契機に、少子高齢化で活力が衰えつつある今の日本全体が、再び輝かしい新時代を切り開くために、本書が一石となることを願い発刊のご挨

あとがき

挨とします。

なお、本書は放送大学での過去4年間の面接講義経験が伏線となり、「誰も語ったことのないキャッシュレスの過去・現在・未来を時空横断的に消費者に分かりやすく伝えたい」と関連分野の専門家の方々に相談し、快諾いただき実現したものです。

残念なことではありますが、2018年度の放送大学面接講義を共にした山口朗様（オリコ総研専務執行役員）が、専門の諸外国のキャッシュレス事情とセキュリティについて強い執筆意欲を示されたにもかかわらず、海外渡航中に起きた不慮のケガが原因で志半ばにして亡くなられました。ここに謹んで発刊のご報告をし、ご冥福を祈念申し上げるものです。

あわせて、その遺志を引き継ぎ急遽執筆いただいた同僚の吉元利行氏はじめ由井敬氏、中川郁夫氏、中村敬一氏に心から感謝いたします。

同時に、カードに対する理解が不足する世情の中で、一般市民にキャッシュレスを啓発し意見を交換する場を2015年より継続的に提供いただいてきた放送大学神奈川学習センター池田龍彦前所長（現・副学長）、および現所長福富洋志特任教授、そして、本書の出版にあたり大きな力と機会を与えていただいた民事法研究会の田中敦司編集部長には、この場を借りてあらためて厚くお礼申し上げます。

　2019年1月

執筆者代表　小　河　俊　紀

## ●執筆者一覧●

（五十音順）

### 小河　俊紀（おがわ　としのり）［編者代表］

1972年　富山大学経済学部経済学科卒業

　　　　㈱日本クレジットビューロー（現 ジェーシービー）入社

　　　　カード基幹業務全般に従事。総務部調査役。

1990年　ヤマハ㈱ 入社

　　　　製造・卸・小売業における顧客囲い込み戦略推進。

　　　　楽器営業本部 FC 推進部長

2003年　イメージ情報開発㈱入社。

　　　　決済代行市場の開拓。営業企画部長。

2008年　経営コンサルタント Card Seek 創業、企業間取引サポート（現在）

2015年　放送大学非常勤講師（現在）

#### 【執筆等】

「カードは現金に勝てるか？」カードウェーブ（㈱シーメディア）、「与信手法の改革と信用情報」CCB 会報誌（㈱シーシービー）、「スモールビジネスカードの日本版モデルを提唱する」月刊消費者信用（金融財政事情研究会）、「日本版スモールビジネスカードを再提唱する 」月刊消費者信用〔※パーソナルファイナンス学会2011年度奨励賞受賞〕、「キャッシュレス社会におけるフィンテック、仮想通貨、人工知能の課題」セイフティエンジニアリング（公財）総合安全工学研究所）、「カードあれこれ」クレジットカード徒然日記（ネット連載）（ファベルカンパニー）

### 中川　郁夫（なかがわ　いくお）

1993年　東京工業大学 システム科学専攻修士課程修了

　　　　株式会社インテック入社、以来インテック・システム研究所でインターネット技術の研究に従事

2002年　株式会社インテック・ネットコア設立、同社取締役就任

2005年　東京大学より博士（情報理工学）を授与

2012年　トランスペアレントクラウドコンソーシアム（略称：Tクラウド研究会。代表・東京大学江崎浩教授）を設立

2012年　大阪大学招聘准教授を兼務（現在）

2015年　株式会社インテック プリンシパル就任（現在）

　　　現在、IoT／BigData／AI／Fintech に代表されるデジタルイノベーションについて独自の視点から調査・分析を行う。デジタルがもたらす将来像の独自研究から、キャッシュレス社会の未来について分析し、関連する新規事業企画や政策提言などにも携わっている。


## 中村　敬一（なかむら　けいいち）

　　1973年からメーカー、マーケティング会社に在籍、1985年からは民間のコンサルティング会社、主任研究員を経て、1989年にカード専門誌の出版社設立に参画、後に代表取締役に就任する。2010年よりカード戦略研究所代表、現在に至る。

　　日本で始めて流通小売・サービス業にプリペイドカードを企画導入。その後、電子マネー・ポイントカードなどカード全般のコンサルティングに従事。カードマーケティング研究会を主宰、カード、モバイルに係わるハードからソフトまで、多くの調査・研究・事業化立案を手掛ける。その間、行政・団体等の委員を歴任。

### 【執筆等】

　　『プリペイドカードのすべて』（ビジネス社、共著、1988年）、『共同型多機能カード導入活用の手引き』（シーメディア社、共著、1994年）、『デビットカード導入活用の手引き』（シーメディア社、共著、1999年）、『2007年〜2012年各年版　百貨店カードビジネス白書』（日本百貨店協会、共同執筆）、『電子決済総覧』（SBI リサーチ社、共同執筆、2011年）、『クレジットカード事業の歴史から検証するコア業務とリスクマネジメント』（カード・ウエーブ社、執筆協力、2015年）　ほか


## 由井　敬（ゆい　たかし）

1974年　青山学院大学中退、社団法人日本割賦協会入社

2003年　社団法人日本クレジット産業協会理事・事務局長

2013年　同　顧問

現在　株式会社シー・アイ・シー調査役

## 【執筆等】

「個人信用情報機関の運用状況——CRIN」ジュリスト1144号、「『信用情報機関の半世紀』—情報機関三国志−」月刊消費者信用428号〜　ほか


# 吉元　利行（よしもと　としゆき）

1978年　九州大学経済学部卒業、㈱オリエントファイナンス入社

2004年　法務省法制審議会臨時委員（信託法部会・信託法部会）委員

2006年　㈱オリエントコーポレーション執行役員法務部長

2008年　㈱オリエント総合研究所専務取締役

2008年　産業構造審議会臨時委員（商取引に関する支払小委員会）

2018年　オリエント総合研究所　顧問。

現代ビジネス法研究所　代表　九州大学博士（法学）

## 【執筆等】

『クレジット取引—改正割賦販売法の概要と実務対応』（青林書院、共著、2010年）、『貸出管理』（きんざい、共著、2010年）、『印鑑の基礎知識』（きんざい、共著、2014年）、『パーソナルファイナンス研究の新たな地平』（文真堂、共著、2017年）　ほか

　キャッシュレス関連論文として、「クレジットカード利用者の保護の現状とその限界—海外での利用や関係当事者の増加に着目して」Consumer Credit Review（CCR）3号（日本クレジット協会クレジット研究所、2014年）、「金融から見た電子決済の最新事情とキャッシュレス先進国の事例紹介」流通情報（流通経済研究所、2014年）、「キャッシュレス先進国の実情と課題—現金を使用せずに生活できる国スウェーデン」CCR6号(2017年)、「日本においてキャッシュレスを普及させるための環境整備・制度整備の方向性−我が国でキャッシュレス化を推進するために何が必要か」CCR8号（2018年）　ほか

## キャッシュレス社会と通貨の未来

2019年2月27日　第1刷発行

定価　本体2,000円＋税

編　者　キャッシュレスの未来を考える会
発　行　株式会社　民事法研究会
印　刷　株式会社　太平印刷社

発行所　株式会社　民事法研究会
　　　　〒150−0013　東京都渋谷区恵比寿3−7−16
　　　　〔営業〕☎03−5798−7257　FAX 03−5798−7258
　　　　〔編集〕☎03−5798−7277　FAX 03−5798−7278
　　　　http://www.minjiho.com/　info@minjiho.com

カバーデザイン／関野美香　　ISBN978-4-86556-258-3 C2033 ¥2000E
本文組版／民事法研究会（Windows10 Pro 64bit+InDesign2019+Fontworks etc.）
落丁・乱丁はおとりかえします。

# バーチャルマネーの法務〔第2版〕

北浜法律事務所 編
〔編集代表〕
中森　亘・籔内俊輔
谷口明史・堀野桂子
Ａ５判・404頁・本体4,300円＋税

▶初版刊行以降、ICTの急速な発展とともに、「お金」の電子化、バーチャル化は予想をはるかに超えるスピードで進み、新たにビットコインをはじめとする仮想通貨が登場！ このような状況を踏まえ、構成および内容を抜本的に見直し、仮想通貨に関する記述を新たに（かつ大幅に）追加し、改訂！
〔電子記録債権に関する項目は割愛〕
▶民法（債権関係）改正など最新の法令に対応した最新の記述！
▶倒産・再編や執行手続における扱いも解説した、実務家待望の書！
（『バーチャルマネーと企業法務』改題）

**第１章　電子マネー・ポイント・仮想通貨とはなにか**
第１　電子マネー／第２　ポイントとは／第３　仮想通貨とは／第４　電子マネーとポイントの異同／第５　仮想通貨と電子マネーおよびポイントとの異同／第６　電子マネー利用約款・ポイント規約・仮想通貨交換所利用約款に対する改正民法の適用／第７　電子マネー利用約款・ポイント規約・仮想通貨交換所利用約款に対する消費者契約法の適用／第８　電子マネー・ポイント・仮想通貨と個人情報保護法との関係

**第２章　電子マネーに関する法的問題**
第１　電子マネーに関する法的規制／第２　電子マネー取引の法的性質と具体的問題点の検討／第３　電子マネーと倒産・執行手続／第４　電子マネーとM&A／第５　資金移動業を活用したビジネススキーム

**第３章　ポイントに関する法的問題**
第１　ポイントに関する法的規制／第２　具体的問題点の検討／第３　ポイントと倒産手続／第４　ポイントとM&A／第５　ポイント交換の動きと共通ポイント

**第４章　仮想通貨に関する法的問題**
第１　仮想通貨に関する法的規制／第２　仮想通貨交換業に関する法規制／第３　仮想通貨の法的性質と具体的問題点／第４　仮想通貨と倒産・執行手続

発行　民事法研究会
〒150-0013　東京都渋谷区恵比寿3-7-16
（営業）TEL.03-5798-7257　FAX.03-5798-7258
http://www.minjiho.com/　info@minjiho.com

# ■金融取引法に関する基礎知識と実務を概観できる基本書！

# 金融取引法
# 実務大系

現代金融取引研究会　編
峯崎二郎　監修

A 5判・751頁・定価　本体 7,200円＋税

▷▷▷▷▷▷▷▷▷▷▷▷▷▷▷▷ 本書の特色と狙い ◁◁◁◁◁◁◁◁◁◁◁◁◁◁◁◁

▶普通銀行における銀行取引を中心に、各業務の内容を銀行法その他の法令やガイドライン、通説・判例などを適宜参照しつつ詳しく解説！

▶金融取引に関連する基本的な法律知識を押さえつつ、法的思考力を養うことで実践的な対応力を身に付けることができる関係者必携の書！

▶金融機関の法務部門等の担当者や金融機関に入社した方、また、企業法務に携わる法律実務家、企業の経理等の担当者など、広く金融取引にかかわる方に役立つ実務書！

## 本書の主要内容

| | |
|---|---|
| 序　章　金融取引法 | 第7章　債権の回収 |
| 第1章　コンプライアンス | 第8章　内国為替取引 |
| 第2章　自然人との取引 | 第9章　付随業務 |
| 第3章　法人との取引 | 第10章　証券・保険業務 |
| 第4章　預金取引 | 第11章　信託業務 |
| 第5章　融資取引 | 第12章　証券化 |
| 第6章　担保・保証 | 第13章　外国為替取引 |

発行　民事法研究会

〒150-0013　東京都渋谷区恵比寿3-7-16
（営業）TEL. 03-5798-7257　FAX. 03-5798-7258
http://www.minjiho.com/　info@minjiho.com

■カード会社側の代理人として経験豊富な著者によるノウハウと考え方の開示！

# クレジットカード 事件対応の実務

## ─仕組みから法律、紛争対応まで─

阿部高明　著

A5判・470頁・定価　本体4,500円＋税

▷▷▷▷▷▷▷▷▷▷▷▷▷▷▷▷▷▷ **本書の特色と狙い** ◁◁◁◁◁◁◁◁◁◁◁◁◁◁◁◁◁◁

- ▶取引や業界の仕組みから各法律の概要、法的論点と立証方法、カード会社の考え方など豊富な図・表・資料を基に詳解！
- ▶カード発行契約からショッピング取引、キャッシング取引の流れ、決済代行業者や信用情報、本人認証まで、事件対応の前提知識を丁寧に解説！
- ▶割賦販売法、貸金業法、利息制限法、出資法をはじめ、個人情報保護法や犯罪収益移転防止法、景品表示法等行政規制ほか電子契約法、消費者契約法、特定商取引法についてクレジットカードとのかかわりを紹介！
- ▶紛争対応にあたっての要件事実、利用代金と過払金との相殺関係、名義冒用や名義貸し、空クレジット、加盟店トラブル、カードの不正利用等紛争事案と法的関係を詳解！
- ▶弁護士、裁判官、クレジットカード会社関係者等の必携書！

❖❖❖❖❖❖❖❖❖❖❖❖❖❖❖❖❖❖❖ **本書の主要内容** ❖❖❖❖❖❖❖❖❖❖❖❖❖❖❖❖❖❖❖

**第1編　クレジットカードの概要**
　第1章　クレジットカードとは
　第2章　クレジットカード取引の仕組み

**第2編　クレジットカード法の概要**
　第1章　クレジットカードに適用される法律
　第2章　クレジットカードの法律関係

**第3編　クレジットカードをめぐる紛争とその考え方**
　第1章　クレジットカード事件の要件事実
　第2章　カード利用代金と過払金の相殺
　第3章　行為能力によるカード契約の取消し
　第4章　名義冒用
　第5章　名義貸し
　第6章　空クレジット
　第7章　加盟店トラブル
　第8章　クレジットカードの不正利用
　第9章　クレジットカードと日常家事の連帯債務

　第10章　クレジットカードと不法行為
　第11章　過剰融資その他の業法違反
　第12章　クレジットカード訴訟の裁判管轄

**第4編　補論──クレジットカード以外の決済用カード**
　Ⅰ　ハウスカード
　Ⅱ　プリペイドカード
　Ⅲ　電子マネー
　Ⅳ　デビットカード

**資料編**
　[資料1] 主なカード会社の来歴
　[資料2] 支払方法と割賦販売法の適用関係
　[資料3] カード規約サンプル
　[資料4] 受任通知サンプル（債務整理）
　[資料5] 受任通知サンプル（過払金返還請求）
　[資料6] 支払停止抗弁申立書サンプル

発行　民事法研究会

〒150-0013　東京都渋谷区恵比寿3-7-16
（営業）TEL. 03-5798-7257　FAX. 03-5798-7258
http://www.minjiho.com/　info@minjiho.com

# 最新実務に役立つ実践的手引書

非訟事件手続法、会社法に対応させ、書式を含めて全面的に見直し、最新の実務・運用を反映した最新版！

## 書式 会社非訟の実務〔全訂版〕
### ―申立てから手続終了までの書式と理論―

森・濱田松本法律事務所＝弁護士法人淀屋橋・山上合同 編（Ａ５判・404頁・定価 本体4200円＋税）

法改正や技術の進歩により新規の労働問題が生じている分野の事例を追録・充実させ大幅に改訂！

## Q＆A現代型問題社員対策の手引〔第5版〕
### ―職場の悩ましい問題への対応指針を明示―

高井・岡芹法律事務所 編 （Ａ５判・366頁・定価 本体4000円＋税）

事例ごとの適正な懲戒処分が一目でわかる！ 巻末には関連書式・事例別判例一覧を掲載！

## 懲戒処分の実務必携Q＆A
### ―トラブルを防ぐ有効・適正な処分指針―

三上安雄・増田陳彦・内田靖人・荒川正嗣・吉永大樹 著 （Ａ５判・359頁・定価 本体3800円＋税）

事業再生ADRを改善する産業競争力強化法改正、商法改正等最新法令に対応！ 判例要旨376件収録！

## コンパクト倒産・再生再編六法2019―判例付き―

編集代表 伊藤 眞・多比羅誠・須藤英章 （Ａ５判・741頁・定価 本体3800円＋税）

電力３事業（発電・送配電・小売）の金融・資金調達のための信託スキームを提供！

## 電力事業における信託活用と法務
### ―金融・資金調達から契約・税務・会計まで―

稲垣隆一 編集代表 電力と金融に関する研究会 編 （Ａ５判・403頁・定価 本体4600円＋税）

特定商取引をめぐる広範なトラブル等を最新の実務動向を踏まえてわかりやすく解説！

## 特定商取引のトラブル相談Q＆A
### ―基礎知識から具体的解決策まで―

坂東俊矢 監修 久米川良子・薬袋真司・大上修一郎・名波大樹・中井真雄 編著（Ａ５判・291頁・定価 本体3000円＋税）

発行 民事法研究会

〒150-0013 東京都渋谷区恵比寿3-7-16
（営業）TEL 03-5798-7257 FAX 03-5798-7258
http://www.minjiho.com/　　info@minjiho.com

# リスク管理実務マニュアルシリーズ

様々なクレーム・不当要求やトラブル事例に適切に対処するためのノウハウと関連書式を開示！

## 悪質クレーマー・反社会的勢力対応実務マニュアル
### ―リスク管理の具体策と関連書式―

藤川 元 編集代表 市民と企業のリスク問題研究会 編（A5判・351頁・定価 本体3800円＋税）

会社役員としての危急時の迅速・的確な対応のあり方、および日頃のリスク管理の手引書！

## 会社役員のリスク管理実務マニュアル
### ―平時・危急時の対応策と関連書式―

渡邊 顯・武井洋一・樋口 達 編集代表 成和明哲法律事務所 編（A5判・432頁・定価 本体4600円＋税）

従業員による不祥事が発生したときに企業がとるべき対応等を関連書式と一体にして解説！

## 従業員の不祥事対応実務マニュアル
### ―リスク管理の具体策と関連書式―

弁護士 安倍嘉一 著 （A5判・328頁・定価 本体3400円＋税）

社内（社外）通報制度の導入、利用しやすいしくみを構築し、運用できるノウハウを明示！

## 内部通報・内部告発対応実務マニュアル
### ―リスク管理体制の構築と人事労務対応策Q＆A―

阿部・井窪・片山法律事務所 石嵜・山中総合法律事務所 編（A5判・255頁・定価 本体2800円＋税）

弁護士・コンサルティング会社関係者による実務に直結した営業秘密の適切な管理手法を解説！

## 営業秘密管理実務マニュアル
### ―管理体制の構築と漏えい時対応のすべて―

服部 誠・小林 誠・岡田大輔・泉 修二 著 （A5判・284頁・定価 本体2800円＋税）

企業のリスク管理を「法務」・「コンプライアンス」双方の視点から複合的に分析・解説！

## 法務リスク・コンプライアンスリスク管理実務マニュアル
### ―基礎から緊急対応までの実務と書式―

阿部・井窪・片山法律事務所 編 （A5判・764頁・定価 本体6400円＋税）

発行 民事法研究会

〒150-0013 東京都渋谷区恵比寿3-7-16
（営業）TEL 03-5798-7257 FAX 03-5798-7258
http://www.minjiho.com/ info@minjiho.com